ESOTERISCHES
WISSEN

Greg Nielsen
Joseph Polansky

Die Magie des Pendels

Erkenntnis durch Radiästhesie

WILHELM HEYNE VERLAG
MÜNCHEN

HEYNE ESOTERISCHES WISSEN
08/9557

Titel der amerikanischen Originalausgabe
PENDULUM POWER
Deutsche Übersetzung von Leni Sobez

4. Auflage

1978 erschien die 1. Auflage unter der Nr. 08/4593.
Die vorliegende Ausgabe folgt der 1987 völlig neu bearbeiteten
Ausgabe des unter demselben Titel mit der Nr. 08/9091
in zwei Auflagen erschienenen Bandes.
Printed in Germany 1990
Umschlagfoto: Fotodesign Nitz, Mühldorf
Umschlaggestaltung: Atelier Adolf Bachmann, Reischach
Satz: Schaber, Wels
Druck und Bindung: Ebner Ulm

ISBN 3-453-04030-9

INHALT

EINFÜHRUNG

In der Hand eines geübten Pendlers zeigt das Pendel genaue Energiemuster an, die, wenn man sie zu deuten versteht, einen Zugang zur Intuition und zum tiefen Unterbewußtsein öffnen.

Kein Freund, kein Fachmann, keine Behörde und kein Weiser kennt *Sie* so gut, wie Sie sich selbst kennen. Geht es um Ihre innere Welt und um die Dinge, die auf Sie einwirken, so sind Sie die einzige Autorität und der einzige Mensch, der die Verantwortung für Ihr Leben trägt.

Das Pendel ist ein Werkzeug, mit dem die immer größer werdende Kluft zwischen Denken und Fühlen überbrückt werden kann. Es öffnet den Weg zur Intuition und vermittelt Ihnen die Weisheit Ihres tiefen Unterbewußten. Der Verstand allein ist ebensowenig fähig wie allein das Gefühl, Problemlösungen anzubieten. Beide Seinsebenen greifen auf bereits gemachte Erfahrungen zurück. Aber hinter allen Erfahrungen eines Menschen steht ein tieferes Wissen und eine Kraft, zu der weder die Logik noch das Gefühl einen Zugang haben. Es ist die Seinsebene des Unbewußten, die weder vom Raum noch von der Zeit beherrscht wird. Sie beinhaltet das archaische Wissen der menschlichen Entwicklungsgeschichte und je mehr wir uns mit ihr in Verbindung setzen, je mehr wir uns damit identifizieren, je mehr wir es der dieser Seinsebene innewohnenden Kraft erlauben, uns zu durchströmen und unseren Geist mit Licht, unser Herz mit Liebe, unsere Hände mit Weisheit und Kraft zu füllen, um so reicher, einfacher und besser wird unser Leben.

Das Pendel ist nur ein Mittel von vielen, um uns bewußt mit unserem tieferen Sein in Verbindung zu setzen. Es ist ein Werkzeug der Wahrnehmung: das heißt, es ermöglicht uns den Zugang zu den außergewöhnlichen Kräften unseres Unterbewußten. Dieses Urwissen ist unseren normalen fünf menschlichen Sinnen so sehr überlegen, wie etwa eine Wasserstoffbombe einem Knallfrosch. Der Gebrauch des radiästhetischen Sinnes oder der Pendelkraft ist uralt. Leider ist vielen Menschen der Zugang zu diesem ›Werkzeug‹ verlorengegangen. In diesem Buch haben wir versucht, einen praktischen Überblick für Pendelanfänger zu vermitteln. Wir verfolgen den historischen Faden der Pendelkraft durch alle Kulturepochen bis in die vorhistorische Dämmerung. Wir zeigen Ihnen, wie Sie Ihr eigenes Pendel herstellen können und führen Sie Schritt für Schritt zu dessen Gebrauch. Und wir fügen auch Beispiele aus unserer eigenen Erfahrung mit dem Pendel bei; denn wir halten es für wichtig, die praktische Anwendung dieser Wissenschaft im Alltagsleben zu zeigen.

Diese Arbeit ist so ausführlich angelegt, wie es in einem einzigen Band überhaupt möglich ist. Es kann kein Zweifel daran bestehen, daß neue Erkenntnisse, Dokumentationen und Anwendungsmöglichkeiten die Folge sind, wenn sich immer mehr Menschen mit dem Pendel befassen und unabhängig von anderen ihre Studien betreiben. Und das wird uns ganz besonders freuen. Vergessen Sie nicht, es handelt sich bei der Arbeit mit dem Pendel um einen ganz neuen Sinn, also um einen neuen Weg zur Erlangung von Daten aus der Umgebung, um eine neue Art, sich des unbewußten Wissens zu bedienen. Die sich daraus ergebenden Möglichkeiten sind so ungeheuer und vielfältig, daß sie auch die ausgeprägteste Vorstellungskraft übersteigen. Die Kraft des Pendels kann, und das ist wörtlich zu nehmen, Gestalt und Struktur unserer ganzen Zivilisation verändern.

Nichts in diesem Band sollte als Dogma angesehen werden. Pendeln ist keine Religion. Der Glaube kommt später, nachdem Sie sich selbst eine gewisse Geschicklichkeit in der Anwendung des Pendels angeeignet haben, und dann ist es auch ein gesunder Glaube.

Im Moment ist es jedoch zu empfehlen, eine wissenschaftliche Haltung einzunehmen. Wir meinen damit eine kritische Neutralität. Vergessen Sie Ihre Vorurteile und Ihre Erwartungen und folgen Sie den von uns gegebenen Instruktionen. Nehmen Sie sich Zeit und Geduld und beginnen Sie zunächst, mit dem Pendel in alltäglichen Situationen zu üben und zu experimentieren. So gewinnen Sie langsam Sicherheit und Vertrauen in die Pendelkraft. Lernen Sie, Ihre Emotionen ruhig und Ihren Geist neutral zu halten. Machen Sie sich offen für die Schwingungen, die weder vom Verstand noch vom Gefühl beeinflußt werden. Alles Lernen erfordert Zeit. Wenn Sie die Ausdauer aufbringen, ein Jahr oder eineinhalb Jahre lang täglich nur einige Minuten zu üben, so werden Sie mit einer neuen Lebenseinstellung belohnt, Sie gehen die Dinge, die Ihnen widerfahren, positiver an und gewinnen mehr Vertrauen in Ihre ureigene Kraft. Die Arbeit mit dem Pendel hilft Ihnen, Ihr Leben intensiver und bewußter zu gestalten. Und nun wagen Sie die ersten Schritte einer aufregenden Reise der Selbstentdeckung. Viel Glück!

1 Was ist das Pendel?

Welche Gedankenverbindungen entstehen bei den meisten Menschen, wenn sie das Wort *Pendel* lesen oder hören? Viele denken sofort an eine Uhr, besonders an alte Großvateruhren, die im Rhythmus eines aufgehängten Pendels ticken. Andere, literarisch eingestellte Geister erinnern sich an die ungeheuer spannende Erzählung von Edgar Allan Poe *The Pit and the Pendulum.* In Poes Geschichte ist das Pendel ein riesiges Messer, das sich langsam auf einen Menschen senkt, der auf einem Tisch festgeschnallt ist. Andere, eher psychologisch Orientierte, verbinden das Wort mit der Pendelwirkung, mit dem Hin und Her, dem Auf und Ab, ein Muster, das sich im Leben eines jeden abzeichnet. Heute schweben wir auf den höchsten Wolken, morgen schwingen wir zurück — Pendeleffekt. In diesem Zusammenhang erhält das Wort zumeist einen leicht schwermütigen Beigeschmack.

Natürlich gibt es auch noch jene, die aus irgendeinem Grund nichts mit dem Wort Pendel verbinden können und dann vielleicht im Lexikon unter dem Begriff nachschauen. *Websters Seventh New Collegiate Dictionary* und andere Lexika definieren das Pendel wie folgt:

Ein in einem festen Punkt oder eine Achse oberhalb seines Schwerpunktes frei beweglich aufgehängter Körper, der unter dem Einfluß von Schwerkraft Schwingungen auszuführen und so die Bewegung von Uhrwerken oder Maschinen zu regeln vermag.

Und dann gibt es noch jene, die vom Pendel träumen. Ein Freund von uns träumte, er sei ein menschliches Pendel, das im Uhrzeigersinn über einer Gruppe von Wüstenhäuptlingen schwingen würde, die an einem Bankettisch saßen und die er zu überprüfen hatte.

Wie absurd, wie fantastisch, welcher Unsinn! Das mag vielleicht Ihre erste Reaktion auf den Traum unseres Freundes sein. Und trotzdem: Der Träumer bedient sich in der Realität eines Gerätes, Pendel genannt, um Menschen, Orte und Dinge zu ›überprüfen‹, ihre Qualitäten zu bestimmen, ihre Vibrationen aufzuzeigen.

Ein Pendel im Sinne dieses Buches ist ein Gewicht, das an einer Schnur hängt, die zwischen Daumen und Zeigefinger gehalten wird. Die Bewegungen des Pendels zeigen positive oder negative Energien an. Pendelkraft, also die Geschicklichkeit in der Führung eines Pendels und damit die Fähigkeit, unsere inneren und äußeren Energien und Kraftfelder zu messen, ist eine moderne Variante der alten Kunst des Wünschelrutengehens. Das Pendel ist das bei weitem empfindlichste und genaueste Instrument, und zu Hause, bei der Arbeit, im Labor oder auf dem Feld gleichermaßen leicht einsatzfähig.

Zu Beginn dieses Jahrhunderts schuf Abbé Bouly, Priester im verschlafenen französischen Dorf Haderlot, das Wort *Radiästhesie,* um den Gebrauch zu beschreiben. Der Name ist aus dem lateinischen Wort *radius* für Strahl und dem griechischen Wort *aisthesis* für Empfindsamkeit zusammengesetzt. Die Worte *Wünschelrute* und auch *wünschelrutengehen* werden oft als Sammelbegriff für Radiästhesie verwendet, doch das ist nicht ganz richtig. Die Wünschelrute wird hauptsächlich zum Suchen von Wasser oder Mineralien eingesetzt. Aber das Wort Radiästhesie umfaßt nicht nur das Aufsuchen, sondern auch das Messen des gesamten Strahlungsspektrums, sei das nun mineralisch, pflanzlich, tierisch oder menschlich.

Nach dem Ersten Weltkrieg erfuhr die Radiästhesie eine ungeheuere Renaissance, die sich auf eine neue und schon sehr leistungsfähige Bewegung stützte. Bouly und ein weiterer französischer Abbé namens Mermet organisierten mehrere Kongresse und Diskussionsrunden, um die Erfahrungen der wissenschaftlichen Anwendungsgebiete des Pendels, besonders auf der medizinischen Ebene, miteinander auszutauschen.

Später wurde Mermet nicht nur in Frankreich, sondern auf dem ganzen europäischen Kontinent als ›der König der Pendler‹ berühmt.

Männer und Frauen aus der ganzen Welt suchten Rat bei Mermet: aus Frankreich eine verarmte Witwe, deren Sohn verschwunden war, aus der Schweiz der Chefingenieur einer weltberühmten Firma, aus Südamerika ein besorgter Missionar, und sogar der Vatikan drückte ein großes Interesse an Mermets Arbeit aus; er erbat Hilfe bei der Lösung archäologischer Probleme, von denen sogar Fachleute verwirrt wurden. Für seine unermüdliche Arbeit verlieh ihm die französische Nationalgesellschaft für öffentliche Wohlfahrt einen Preis.

Der amerikanische Arzt, Dr. Albert Abrams, ein Pionier auf dem Gebiet der Pendelforschung, publizierte 1922 ein Buch über die Anwendung des Pendels beim Diagnostizieren von Krankheiten. Damit war der erste Schritt zur medizinischen Radiästhesie getan. Abrams Forschungsassistent, Dr. Eric Perkins, hielt 1943 vor der British Society of Dowsers — der englischen Grafschaft für Radiästhesisten — eine Vorlesung, in der er Abrams erste Entdeckung der psychologischen Strahlung erläuterte und auf die völlig neuen Einsatzmöglichkeiten des Pendels im medizinischen Bereich hinwies.

Abrams Entdeckung begründet sich auf folgende Begebenheit: Zwischen sechs und sieben Uhr abends kam ein recht gesund aussehender Mann mittleren Alters zu ihm, um sich wegen einer schmerzhaften Stelle an der Unterlippe beraten zu lassen. Er hatte diesen ›Pickel‹, der immer größer und schmerzhafter wurde, schon seit mehr als zwei Monaten. Jeder Arzt hätte mit einem einzigen Blick dieses Geschwür als eine häufig vorkommende Krebserkrankung erkannt (Epithelioma).

Abrams bat den Patienten, sich zu einer Generaluntersuchung auszuziehen. Herz und Lungen schienen gesund zu sein. Aber was war mit den Bauchorganen los?

Abrams setzte sich vor dem stehenden Patienten auf seinen Stuhl und begann die Untersuchung mit einem Abklopfen der Bauchwand des Patienten. Sie alle haben sicher schon einen Arzt dabei beobachtet, aber vielleicht sollte ich es doch noch näher beschreiben und erklären.

Angenommen, ein Gebiet der Lunge hätte sich vorübergehend mit dicker, zähflüssiger Sekretion angefüllt, wie es etwa bei einer Lungenentzündung der Fall ist; klopft man dieses Gebiet ab, so hört man einen flachen, dumpfen Ton anstelle der normalen luftgefüllten Resonanz. Nehmen Sie weiter an, in der Bauchhöhle wüchse ein Tumor heran, der sich selbstverständlich in seiner Konsistenz vom umgebenden Gewebe wesentlich unterscheiden würde, so hörte man beim Abklopfen einen flachen, dumpfen Ton anstelle der normalen hohlen und trommelartigen Resonanz.

Als nun Abrams die Zone über dem Nabel dieses Patienten abklopfte, war der Ton so flach und dumpf, daß die Vermutung auftauchte, unter dem abgeklopften Gebiet habe sich ein starkes Gewächs entwickelt. Krebspatienten haben ja sehr häufig sogenannte Sekundär-Gewächse. Abrams sagte dem Patienten, er solle sich auf die Couch legen, damit er seine Untersuchungen mit den Fingerspitzen, also durch Abtasten und Abgreifen, fortsetzen könne. Er hoffte, einen möglichen Tumor und seine Umrisse durch Fühlen feststellen zu können.

Überraschenderweise schien er jedoch keine Geschwulst

zu ertasten. Mit diesem Ergebnis gab Abrams sich aber nicht zufrieden und bat den Patienten, wieder aufzustehen und zu dem Platz zurückzukehren, an dem er vorher gestanden hatte. Der Arzt setzte sich in der gleichen Position wie beim ersten Abtasten vor den stehenden Patienten und klopfte ihn erneut ab; das Geräusch klang flach und dumpf, als sei ein Tumor vorhanden.

Um diese Zeit war die untergehende Sonne genau vom Fenster eingerahmt, und das hatte der Patient vor sich. Abrams bemerkte das Unbehagen seines Patienten, rutschte mit seinem Stuhl ein Stück weg und wies den Patienten an, er sollte sich halb nach rechts drehen, damit ihn die Sonne nicht blende. Der Kranke sah nun nicht mehr nach Westen, sondern nach Norden und Abrams setzte die Untersuchung fort. Aber nun war dieser flache, dumpfe Ton nicht mehr zu hören, sondern ein klares, hallendes Geräusch, als habe Abrams auf eine Trommel geklopft. »Jemand soll mal die Jalousie herunterlassen«, sagte Abrams und wies dann den Patienten an, sich wieder nach Westen zu drehen. Das Abklopfen ergab erneut den flachen, dumpfen Perkussionston.

Abwechslungsweise mußte sich der Patient nun wiederholt nach Norden und Westen drehen, und jedesmal wurde er perkutiert. Schaute er nach Westen, kam der dumpfe Ton, schaute er nach Norden, war der Ton eindeutig klar und hallend, und in gar keiner Weise dumpf.

Dieses erstaunliche Erlebnis führte Abrams zu der Erkenntnis, daß der menschliche Körper mit einer Radiostation zu vergleichen sei, die Botschaften ausschickt — Hochfrequenzstrahlungen aus jeder Zelle, jedem Gewebe, jedem Organ. Er machte die Erfahrung, daß das Pendel diese Strahlungen aufnehmen oder sich in sie einschwingen konnte, und mit Hilfe dieses Werkzeuges diagnostizierte er positive (gesunde) und negative (kranke) Schwingungen am Körper der Patienten.

Leider wurde, wie es oft bei Pionieren der Fall ist, Abrams

von seinen Kollegen nicht nur nicht ernst genommen, sondern auch als verschroben bezeichnet. Trotzdem gab er nicht auf; mit dem Pendel entdeckte er Krankheiten, diagnostizierte sie und behandelte seine Patienten, indem er ihnen ihre negativen Energien bewußt machte und die für sie passenden Behandlungsformen erarbeitete.

Der Franzose André Bovis setzte das Pendel ein, um die Qualität und Frische von Lebensmitteln zu bestimmen. Seine Strahlungsforschungen führten ihn zur überzeugten Anerkennung der von Abrams ausgearbeiteten Erkenntnisse über die von allen Körpern abgestrahlten positiven und negativen Energien.

Bovis entwickelte im Rahmen seiner Forschung die Theorie, die Erde weise positive magnetische Strömungen von Nord nach Süd und negative von Ost nach West auf. Das könnte mit Abrams Entdeckungen bei dem Patienten in Verbindung stehen, dessen Perkussion jeweils andere Ergebnisse erbrachte, wenn er nach Westen beziehungsweise nach Norden schaute.

Bovis blieb auch unerschütterlich bei seiner Meinung, alle Strukturen auf der Erdoberfläche würden von sehr subtilen Strömungen beeinflußt. Er fand heraus, daß jeder auf eine Nord-Süd-Achse gestellte Körper mehr oder weniger stark polarisiert wird. Seine Forschungen dokumentieren, daß der menschliche Organismus auf seltsame Art von diesen magnetischen Kraftlinien beeinflußt wird und er kam zu dem Schluß, die positiven und negativen Energien würden durch ein Bein in den Körper eintreten und ihn über die gegenüberliegende Hand wieder verlassen. Ähnlich träten kosmische Strahlen aus dem Außenraum durch den Kopf ein und verließen den Körper entweder über eine Hand oder einen Fuß. Bovis entdeckte auch, daß diese Vibrationsströmungen von den offenen Augen eines jeden Menschen ausgestrahlt werden. Um diese geheimnisvollen Strahlungen noch besser messen zu können, erfand Bovis ein Pendel von besonderer

Empfindlichkeit, das aus Kristall mit einer festen Metallspitze bestand und an einem Doppelfaden aus roter und violetter Seide hing. Der aus Nizza stammende Franzose bezeichnete dieses Pendel als *paradiamagnetisch* wegen seiner Empfindlichkeit gegenüber Substanzen, die von Magneten angezogen oder abgestoßen werden.

Mit diesem Instrument konnte er die Qualität von Lebensmitteln anhand ihrer Strahlungsvibration feststellen. Er bediente sich seiner Geschicklichkeit auch praktisch in seinem Beruf als Wein- und Käsetester.

Bovis, Abrams und Bouly waren jedoch nicht die einzigen Pendelpropheten in der ersten Hälfte des zwanzigsten Jahrhunderts. Paris, die Stadt der Liebe, der Künste und der Kultivierung, wurde in jener Zeit zum Mekka der Rutengänger und Pendler. Tausende von Radiästhesisten aus allen Teilen der Welt fanden sich hier zusammen.

In einer ruhigen und doch zentral gelegenen Seitenstraße, versteckt vor Touristen und Einheimischen gleichermaßen, liegt ein alter Laden, genannt *Maison de Radiesthésie.* Alfred Lambert und seine Frau haben diesen Laden mehr als fünf Jahrzehnte lang geführt und die Regale mit allen Büchern, Pamphleten und sonstigen Schriften gefüllt, die über das Thema Pendel erhältlich waren. Viele der schönsten Bände wurden von bekannten und geachteten französischen Ärzten geschrieben. Aus einer unserer Quellen wissen wir sogar, daß es mehr als 2500 französische Ärzte gibt, die sich aktiv und täglich in ihrer medizinischen Praxis mit dem Pendel beschäftigen.

In dem Laden findet man auch eine unglaublich große Zahl von Pendeln der verschiedensten Materialien, Größen und Formen. Hier liegen auf Samtkissen in Schubladen einige der wertvollsten und sensibelsten Pendel der ganzen Welt. Etliche bestehen aus Elfenbein, andere wieder sind kunstvoll aus edelster Jade geschnitzt und über geheimnisvolle Wege aus Rotchina herausgeschmuggelt worden.

Der vielleicht bekannteste Kunde der Lamberts ist der Meisterpendler M. Boucart. Boucart kommt bei seinen Arbeiten zu außergewöhnlich genauen Resultaten, vorausgesetzt, er benutzt das richtige Pendel. Seine Sammlung enthält mehr als tausend Stück! Sie bestehen aus den verschiedensten Materialien und für jedes Material und jedes Pendel hat er in Experimenten festgestellt, für welche Art von Lesung es am besten geeignet ist und mit welchem er die besten Ergebnise erzielt.

Obwohl Abbé Boulys Bezeichnung *Radiästhesie* das gebräuchlichste Wort für das Gebiet der Pendelforschung wurde, halten verschiedene Wissenschaftler es für ungenau. S. W. Tromp, der 1949 das Buch *Psychical Physics* herausbrachte, geht aufgrund seiner umfangreichen Experimente davon aus, daß die Existenz biologischer ›Strahlungen‹ ziemlich unwahrscheinlich ist, mit Ausnahme der Infrarotstrahlung. Er schlägt deshalb vor, die Bezeichnung ›Radiästhesie‹ aufzugeben und statt dessen von elektrischen, magnetischen oder elektromagnetischen Felden zu sprechen. Er plädierte für die neutralere Bezeichnung *Pallomazie,* was ›Weissagen durch das Pendel‹ bedeutet.

Andere, wie etwa der Engländer Christopher Hills und der amerikanische Mathematiker Isidore Friedman, empfehlen die Wortstruktur, ›radiationale Physik‹, also *Strahlungsphysik.* Da diese neueren Bezeichnungen genauer und auch wissenschaftlicher sind, werden sie in Zukunft wohl auch mehr benützt werden. Zur Zeit ist jedoch *Radiästhesie* noch der beliebteste und bekannteste Ausdruck, der von Laien und Wissenschaftlern gleichermaßen verwendet wird.

Bruce Copen, ein Engländer, der seit 1947 Pendel herstellt und verkauft, hat einige erstaunliche Feststellungen bei seiner Arbeit mit dem Pendel gemacht. Er glaubt fest daran, daß 90 Prozent der Weltbevölkerung das Pendel als Mittel zur Entdeckung von Strahlungen verwenden könnte, wenn sie es nur versuchen würde. Von diesen 90 Prozent könnte die

Hälfte zu wissenschaftlichen Forschern werden. Um aber Experte im Pendeln zu werden, bedarf es neben einer ausgezeichneten Intuition auch einer natürlichen Begabung.

Copen ist davon überzeugt, die Radiästhesie oder Strahlungsphysik — egal wie man sich ausdrücken will — könnte auf vielen wissenschaftlichen Gebieten zur Vertiefung und Ausweitung der Forschung eingesetzt werden. So könnten sich zum Beispiel Geologen bei der Suche nach Schürfmöglichkeiten des Pendels bedienen; Farmer hätten die Möglichkeit, die Radiästhesie beim Anbau und für Züchtungsprozesse einzusetzen, Gärtner bei ihren Kreuzungsversuchen.

Eines der meistversprechenden Anwendungsgebiete ist in der medizinischen Diagnose und Behandlung zu finden. Praktisch gesehen erspart das Pendel Zeit, Energie und Geld auf jedem Gebiet, auf dem es eingesetzt wird. Copen erklärt ferner: »In den richtigen Händen beträgt die Pendelgenauigkeit hundert Prozent.«

Der bis heute wahrscheinlich berühmteste Wissenschaftler, der sich eingehend mit der Anwendung des Pendels befaßte, ist der Nobelpreisträger Dr. Alexis Carrel. Vor mehr als fünfzig Jahren erkannte er bereits die lebenswichtige Bedeutung der Radiästhesie für die Veränderung der Welt. Seine wissenschaftliche Erkenntnisse äußerte er klar: »Der Arzt muß fähig sein, in jedem seiner Patienten die Wesenszüge seiner Persönlichkeit zu entdecken, seine Widerstandskraft gegenüber Krankheiten, seine Schmerzempfindlichkeit, den Zustand seiner organischen Funktionen und die Struktur seiner Vergangenheit als auch die seiner Zukunft. Er muß aufgeschlossen und frei von der persönlichen Annahme sein, ungewöhnliche Wege zur Feststellung einer Krankheit seien sinnlos.« Schon allein aus diesem Grunde solle er nie vergessen, daß die Radiästhesie eine ernstliche Überlegung wert sei.

Pendeln ist die Wiederentdeckung und Erneuerung der alten Prophezeiungskräfte der Priester, Weisen, Hexen und

Zauberer. Heute bringen viele Publikationen, die sich mit Psychologie und Esoterik befassen, auch Anzeigen von Pendlern.

Eine kalifornische Firma bietet ein Glaspendel für 7.50 Dollar an. Im Inserat heißt es: »Psychisches Augen-Pendel (handgearbeitet, Glas), reagiert auf Ihr Unterbewußtsein. Stellen Sie Fragen über Liebe, Arbeit, Geld, geheime Angelegenheiten, die einfach mit ›ja‹ oder ›nein‹ zu beantworten sind.

Seien Sie das beschützende Mystik-Medium Ihrer Familie. Erweitern Sie Ihre Kraft der außersinnlichen Wahrnehmung und Ihres psychischen Know-how. Anweisungen und Informationen beim Kauf eines Pendels kostenlos.«

Da man die Gegenwart und die Zukunft nur in dem Maße verstehen kann, wie man auch die Vergangenheit begreift, ist das Pendel ein wesentlicher Zug zum Bereich des archaischen Wissens. Es gibt unendlich viele Methoden und Wege zur Selbstentfaltung, Selbstverwirklichung und Selbstverwandlung. Das chinesische *I Ging,* das *Tarot,* die *Astrologie, Meditation* und die *Psychologie* Freuds und Jungs öffneten Türen, die sonst für weitere Jahrhunderte verschlossen geblieben wären. Wir leben im Zeitalter des Wassermanns, im Zeitalter des Aufdeckens eines tiefen Wissens. Im täglichen Leben eingesetzt kann das Pendel genaue und spontane Informationen vermitteln, die zu einem glücklicheren, gesünderen und intensiveren Leben führen. Ob es sich nun um Geschäft, Liebe, Kunst oder Gesundheit handelt, in der Hand des geschulten Pendlers ist das Pendel ein Medium, das Zugang zur Kraft des Unbewußten ermöglicht und Ihnen den Weg zum richtigen Handeln weist.

Es ist an dieser Stelle unmöglich, die Konsequenzen und Segnungen des Pendels für das Leben desjenigen vorherzusagen, der sich seiner Kraft bedient. Aber eines ist sicher: Das Pendeln verhindert unsicheres Herumtasten bei Entscheidungen und der Suche nach Problemlösungen. Es erhöht die

Lebensqualität, stärkt die Intuition und läßt Sie Ihre Entscheidungen klar und sicher treffen.

Das Pendeln kennt keine Grenzen. Alle, die genug Geduld aufbringen, sich in seiner Anwendung zu vervollkommnen, können sich seiner Vorteile bedienen.

2 Der Stab Jakobs: Der geheimnisvolle Ursprung

Die Luft war trocken von der Hitze des unfruchtbaren Landes Kanaan. Dort, wo etwa ein Dutzend Rinder nach dürren Happen suchten, wuchs spärliches Gras. Ein Mann mit breiten Schultern, mächtiger Brust und intelligenten Augen trieb seine knochigen Tiere weiter, indem er sie mit einem geschälten Stab leitete.

Etwa eine halbe Meile weiter im Norden, kannte er einen grünen Fleck und dorthin führte er seine Rinder. Die Sonne brannte auf den steinigen Boden herab und trocknete die Lippen des Hirten so aus, daß sie aufsprangen. Das dickhäutige Rindvieh schleppte sich langsam der Oase entgegen. Auch die Mäuler der Tiere waren trocken und ihre empfindlichen Nüstern nahmen die süße Feuchtigkeit des Wassers auf.

Bald hatten sie den kühlen Schatten der Zypressenbäume mit dem Tümpel in der Mitte erreicht. Jakob trat an den Rand des Wassers und tauchte seinen Stab ein. Er streckte den Arm geradeaus und sein Körper war ein Befehl. Die Rinder wußten, daß das Wasser gesund war und daß sie trinken durften.

Aus dem biblischen Stab Jakobs entwickelte sich im Laufe der Jahrhunderte das Pendel. Aber es gibt noch andere Geschichten, Sagen und Aufzeichnungen, die sich mit der Pendelmagie und dem Wünschelrutengehen beschäftigen und die wir an Sie weitergeben wollen.

Im Jahr 1949 suchte eine Gruppe französischer Forscher die Vorberge des Atlasgebirges ab. Sie stolperten buchstäblich in das, was wir heute als die ›Höhlen von Tassili‹ kennen; es sind Höhlen mit riesigen Wandmalereien. Die Forscher fanden in diesen Höhlen vier prähistorische Wandbilder. Das erste stellt eine Männergruppe mit ägyptischem Kopfschmuck und geschlitzten Röcken dar, die eine Rinderherde treibt. Das zweite zeigt eine Männergruppe, die um ein Feuer kauert und eine Mahlzeit zubereitet. Auf dem dritten Bild ist eine rituelle Beschneidung festgehalten. Das letzte Bild ist das bemerkenswerteste. Auf ihm ist ein Rutengänger dargestellt, der, von seinen Stammesangehörigen umgeben, nach Wasser sucht.

Man hat mit Hilfe der Karbon-Methode für diese Bilder ein Mindestalter von achttausend Jahren errechnet, und daran kann kein Zweifel bestehen! Wir sagten schon, daß die Wünschelrute eine Suchrute ist, mit der das Vorhandensein von unterirdischen Wassern, Mineralen und Ölen festgestellt werden kann, aber sie ist auf jeden Fall auch die Ahnfrau der modernen Radiästhesie, und somit für die Radiästhesie das, was die Magie für die Physik und die Alchemie für die Chemie ist. Die Ägypter, Hebräer, Skythen, Perser und Etrusker, die Griechen, Römer, Hindus und Chinesen, auch die Polynesen und die Peruaner und sogar die amerikanischen Indianer bedienten sich eines wünschelrutenähnlichen Stabes für ihre magischen Zwecke.

In frühen Zeiten bezeichnete man das Rutengehen als Rhabdomantie*, also als Wahrnehmung durch Stöcke oder Zauberstäbe. Damit war die rituelle Praxis des Wassersuchens, der Quellenschau und des Auffindens kostbarer Metalle in der Erde gemeint.

In antiken und historischen Schriften ist kaum die Rede von Rhabdomantie, obwohl sie in den religiösen Systemen jener Zeiten ungeheuer wichtig war. Die Tempelpriester hielten

---

* *rhabdos* = Stab und *manteia* = Seher oder Prophet (griechisch)

ihre Lippen fest verschlossen; denn sie wußten, daß das Volk die Kunst und Wissenschaft der Rhabdomantie nur mißbrauchen würde.

Soweit die Hieroglyphen der Ägypter entziffert und übersetzt werden konnten, hatten die Pharaonen große Weise, Zauberer und Medizinmänner in den Tempeln; diese Priester verfügten über Stäbe, die zu Schlangen werden konnten und *Ur-Heka* genannt wurden, was soviel wie ›große magische Macht‹ bedeutet.

In den ägyptischen religiösen Erzählungen gibt es einen Helden, der Wasserquellen findet. Er ist derjenige, der zum Häuptling gewählt wird und die Macht hat zu sagen: »Ich mache, daß das Wasser herausspringt« oder »Ich mache, daß Wasser kommt«. Gerald Massey schreibt in seinem Werk *Ancient Egypt:* »Der, welcher mit seinem Stock oder Stab auf den Felsen schlägt, ist Shu-Ankur, die Verkörperung der Kraft, die bei Sonnenaufgang aus dem Felsen bricht, wenn das Wasser des Tages wieder freigesetzt wird.«

In Plutarchs *Leben des Marc Anton,* aus dem Shakespeare seine Inspiration für die Tragödie von Antonius und Kleopatra bezog, wird Kleopatra als unwiderstehlich und von faszinierender Schönheit beschrieben. Sie war eine sinnliche Persönlichkeit voller Tricks und betrügerischer Ideen. Ihr Kummer um Antonius war zwar ehrlich, trug aber gleichzeitig den Makel ihrer Launenhaftigkeit, ihrer Angst und ihres Wankelmutes. Wenn man der Überlieferung Glauben schenken darf, so war Kleopatras Charakter arglistig, selbstsüchtig und vermutlich auch gierig. Die Legende erzählt, die ägyptische Königin habe immer mindestens zwei Rutengänger in ihrer Nähe gehabt — ob sie sich nun im Palast oder auf einem Nilboot befand —, da sie dauernd nach dem Schatz aller Schätze, nach Gold, suchte.

»Und Moses wurde unterwiesen in allen Weisheiten der Ägypter; und er war mächtig in seinen Worten und Werken.« Daß Moses ein geschickter Rutengänger und Prophet war, läßt sich leicht dem zweiten und vierten Buch Moses entnehmen, Exodus und Numeri.

Exodus 4:17: »Und du sollst nehmen in deine Hand diesen Stab, und mit dem sollst du Zeichen geben.«

Exodus 7:9 spricht von Aarons Macht mit dem Stab: »Wenn Pharao zu dir sprechen wird und sagt, du solltest ihm ein Wunder zeigen. Dann sollst du zu Aaron sagen, nimm deinen Stab und wirf ihn vor den Pharao, damit der Stab zur Schlange werde.«

Der Stab schien in den Händen seines Benützers unbegrenzte militärische Macht gehabt zu haben.

Exodus 17:9 spricht von Moses' militärischer Führerschaft: »Und Moses sagte zu Josuah: Wähle einige Männer aus, geh und kämpfe mit den Amalekitern. Morgen werde ich auf dem Gipfel eines Berges stehen mit dem Stab Gottes in meiner Hand. So tat Josuah, wie Moses ihm befohlen hatte, und kämpfte mit den Amalekitern: Und Moses, Aaron und Hur stiegen hinauf zum Gipfel des Berges. Und es kam so, wenn Moses seine Hand hob, hatte Israel die Oberhand, und wenn er die Hand mit dem Stab fallen ließ, siegten die Amalekiter.«

J. G. R. Forlong bezieht sich in seinen Bänden *The Rivers of Life* auf einen bestimmten Nomadenstamm, die Eduumeaner. Auch sie siegten in ihren Schlachten dann, wenn sie ›den Wunder wirkenden Stab Gottes‹ hochhielten. Der Sieger wurde nicht durch Geschicklichkeit, Truppenstärke oder Tapferkeit gewonnen, sondern allein durch die magische Kraft des Stabes.

In unseren Tagen wurde das Pendel in Vietnam militärisch eingesetzt. Die Mariners waren ausgebildet worden, mit seiner Hilfe eingegrabene Minen, Munitionsdepots, Tunnel und feindliche Bewegungen zu lokalisieren. Es liegen auch Dokumentationen darüber vor, daß das Pendel im Zweiten Weltkrieg vom britischen Intelligence Service dazu eingesetzt wurde, um Hitlers nächste Offensive zu bestimmen.

Aber kehren wir zurück zum Alten Testament, in dem der Stab Moses mehrmals erwähnt wird:

In Exodus 17:5—6: »Und Jehova sagte zu Moses: Geh deinem Volk voran und nimm mit dir die Ältesten Israels; und deinen Stab, mit dem du den Fluß geglättet hast, nimm in die Hand und geh. Denn siehe da, ich will stehen vor dir auf dem Felsen in Horeb; und du sollst auf den Felsen schlagen, und aus dem kommt heraus, was das Volk trinken mag.«

In Numeri 20:10—11 steht: »Und Moses und Aaron riefen die Versammelten vor dem Felsen zusammen, und er sagte zu ihnen: Hört nun, ihr Rebellen; sollen wir für euch Wasser aus diesem Felsen schlagen? Und Moses hob seine Hand und schlug zweimal auf den Felsen mit seinem Stab: Und Wasser sprang in reicher Menge heraus, und die Menschen tranken, und auch ihr Vieh trank.«

Rawlinson stellt im dritten Band seiner *Ancient Monarchies* die Vermutung auf, daß die Stäbe von Aaron und Moses den ägyptischen Stäben, den wunderwirkenden Weidenstöcken der Skythen und den Tamariskenstäben der Magi und heutigen Tartaren entsprechen. Die Stäbe der Alten waren ein mächtiges Symbol des Willens und der Fähigkeit, die eigene Energie so stark auf eine Aufgabe zu konzentrieren, bis sie erfüllt war. Heute ist das Pendel ein Mittel zur Sichtbarmachung unbewußter Energien und zur Kraft der Intuition.

Schon die nomadischen Araberstämme der Frühgeschichte befaßten sich in hohem Maße mit Orakeltechniken wie zum Beispiel der Nekromantie und der Rhabdomantie. Die Fähigkeit ihrer *Seher* kann als eine Kunst und Wissenschaft der Konzentration auf jene Kraftlinien bezeichnet werden, die durch Gedanken, Gefühle und Handlungen der Fragenden in die Zukunft und in die Vergangenheit führen. Die *Weisen* durchbrachen mit dieser Begabung das Raum-Zeit-Prinzip.

Für die wandernden Araberstämme war das Befragen des

Orakels mit Hilfe von Stäben und Zauberstäben, Mandelreisern, Stöcken und Stangen ein unerläßlicher, heiliger und magischer Teil ihres Lebens und ihrer Kultur.

Sie bauten sogar sehr sorgfältig konstruierte Behälter und Truhen zum Transport dieser Instrumente. Hosea aus dem Alten Testament berichtet von den Stöcken und Stäben an Yahwahs Heiligem Ort. Vielleicht war dies eine besonders kunstvoll gearbeitete Truhe, ein Raum oder ein Schrank, in dem die Orakelstäbe aufbewahrt wurden.

Salomon, Sohn und Nachfolger des großen Königs David, setzte die Wünschelrute zur Wahl der schönsten Kandidatinnen seines Harems ein. In jenen fernen Zeiten waren die Tempelpriesterinnen hübsche und anmutige Frauen, die in den Künsten der Liebe über besondere Fähigkeiten verfügten. Des Königs Serail hatte nichts von der Anrüchigkeit der heutigen Bordelle. Sehr oft wurden die jungen Mädchen von den Priestern oder Zauberern schon vor dem Erreichen der Pubertät für diese Aufgabe ausgewählt. Dann bedurfte es einer strengen und sorgfältigen Ausbildung in den Künsten der Musik, des Gesanges, des Tanzes und der Liebe, bevor diese jungen Frauen für würdig befunden wurden, dem König zu dienen. Vielleicht könnte die Wünschelrute, wie sie von den Weisen Salomons eingesetzt wurde, im gleichen Maße auch heute angewandt werden, um den richtigen Partner zu finden, jenen, mit dem ein glückliches und erfülltes Liebesleben möglich ist.

Zu Salomons Zeiten gingen Gerüchte durch das Land, die sich auf eine Frau bezogen, die schöner sei als die schönste der Konkubinen des Königs. Ihr Name war Scheba, die Königin von Saba. Im gleichen Maße wie Salomon von ihr hörte, sie sei die Schönste, hörte sie über Salomon, er sei der Weiseste der Weisen.

Da beide an ihren Höfen Rutengänger hielten, wollten sie mehr über den anderen erfahren. Und die Rutengänger bestätigten die Gerüchte.

Scheba machte sich auf den Weg, um Salomon aufzusuchen. Sie belud ihre Kamele mit den Reichtümern ihres Landes, mit Rubinen, fremdländischen Gewürzen und so vielen anderen Kostbarkeiten, daß sie nicht aufgezählt werden konnten.

Als sie sich Jerusalem näherte, schlug sie ihr Lager auf und ließ Hunderte von buntfarbenen Zelten errichten. Am nächsten Tag besuchte sie Salomon in seinem Tempel und nahm jene Schätze mit, die sie ihm zum Geschenk machen wollte. Salomon war so überwältigt von ihrer strahlenden Schönheit, daß er stundenlang die Weisheit seines Gottes pries und dann ihre Seele zu den Höhen der Liebe emporhob.

Nachdem die Königin von Saba zu ihrem Lager zurückgekehrt war, rief Salomon die klügsten und gewissenhaftesten seiner Wahrsager zusammen. Der weiseste von ihnen hob seinen Stab, und er zitterte in seiner Hand.

Ein weiteres Zusammentreffen der beiden Herrscher sollte noch in der gleichen Nacht stattfinden. Das entsprach dem Willen Gottes.

Ein arabisches Manuskript, das sich mit diesem Thema befaßt, berichtet darüber: »Als die Königin von Saba zu Salomon kam, hatte sie in ihrem Gefolge Rutengänger und Wahrsager, die Gold und Wasser suchten.« Vielleicht weissagten auch sie die gleiche Stunde für die Zusammenkunft im Zelt der Königin.

In der Bibliothek des Engländers Colonel Tillard fanden wir ein Buch, das sich mit der Folklore Oberägyptens beschäftigt. Eine Geschichte in diesem Buch erzählt von einem reichen und mächtigen König, der keinen Sohn, aber zwei Töchter hatte, von denen die eine, mit Namen Dronker, unbeschreiblich schön und lieblich war, während die andere, Asiut genannt, neben ihrer strahlenden Schwester verblaßte und unscheinbar und langweilig wirkte. Als nun der König starb, hinterließ er seinen ganzen Besitz Asiut, der Häßlichen. Dronker bekam nur ein kleines Stückchen Land jenseits des übrigen Besitzes, und das Land hatte nicht einmal Wasser. Als die Wahrsager von Dronkers mißlicher Lage hörten, setzten sie all ihre Fähigkeiten und Energien ein, um dem schönen Mädchen zu helfen. Sie fanden Wasser und machten ihr den Hof. So groß war die Weisheit des Königs: er wußte, daß Dronker immer jemanden finden würde, der für sie sorgte, und daß aufgrund ihrer Schönheit sein Besitz noch kostbarer würde.

Der Mittlere Osten ist aber nicht der einzige Ursprung des Wahrsagens und des Rutengehens. Schon die Chinesen bedienten sich während der Regierungszeit des Kaisers Yu um 2200 vor Christus verschiedener Wahrsagemethoden. Marco Polo berichtete von seinen Entdeckungsfahrten in China, daß der Orakelstab gerade dort bei den verschiedensten Anlässen eingesetzt wurde. Die Chinesen scheinen besonders geschickt in der Entdeckung dessen, was sie die ›Tatze des Drachens‹ nannten und was unserem heutigen Wissenstand schädliche Strahlen symbolisierte, gewesen zu sein.

Auch die Druiden waren für Strahlen, Vibrationen, magnetische Kräfte und alles, was in dieser Richtung liegt, und wie immer man es nennen mag, sehr empfänglich. So wie die Chinesen sich von ihren Wahrsagern die richtigen Plätze für Gebäude auswählen ließen, so ist auch anzunehmen, daß die Weisen der Druiden mit ihrem Stab die richtige Stelle für ihr Riesenbauwerk Stonehenge fanden.

Unabhängig voneinander haben moderne Radiästhesisten wie Abbé Mermet und V. D. Wethered schädliche Strahlungen entdeckt. Es ist in allen Teilen der Welt bekannt, daß bestimmte Häuser und Straßen negativ bestrahlt sind. Mermet sagt, die Schwierigkeiten seien gewöhnlich auf das Vorhandensein ungesunder unterirdischer Wasseradern zurückzuführen. Aber Wethered weist darauf hin, daß auch andere Ursachen, wie zum Beispiel eine schlechte Bodenzusammensetzung oder die Intensität der Luft-Ionisation, negative Schwingungen auslösen können.

Die Chinesen waren nicht die einzigen östlichen Kulturträger, die sich des Wahrsagestabes bedienten. Eine Dokumentation beweist, daß der Stab in den fünfziger Jahren des vorigen Jahrhunderts in Indien zur Auffindung verborgener Gegenstände benützt wurde: Einem Schriftsteller aus Kalkutta waren einige wertvolle Besitztümer aus seinem Haus gestohlen worden. Die örtlichen Behörden hatten keinen Erfolg bei der Auffindung dieser Gegenstände, und so wandte sich der Schriftsteller an einen Eingeborenen, der dafür bekannt war, fehlende Gegenstände aufzufinden. Der Eingeborene begann mit ganz bestimmten Anrufungen, während seine Gehilfen zwei Bambusstäbe parallel zueinander hielten. Der Schriftsteller wird so zitiert: »Zu unserem großen Erstaunen stellten wir fest, daß die Bambusstäbe einander horizontal kreuzten und danach abwechslungsweise auf und ab gingen.« Diese Befragung wurde so lange fortgesetzt, bis der Rutengänger die Richtung bestimmen konnte, in der der Dieb lebte. Später fand man auch den Schuldigen.

Ähnliche Vorgänge konnten bei den Maganja in Zentralafrika beobachtet werden, deren Tradition und Riten sich durch Jahrtausende zurückverfolgen lassen. Von einem Vorfall, bei dem es um gestohlenen Mais geht, wird folgendes berichtet:

Der Medizinmann wählte vier Männer aus, welche die Stäbe halten mußten, also je zwei Mann für einen Stab. Die Neugier veranlaßte einen Engländer, den Medizinmann zu fragen, was das zu bedeuten habe. Die Antwort war so: »Warte nur, dann wirst du's sehen. Die Stäbe werden die Männer ziehen und weiterziehen, bis sie zu der Person gezogen werden, die den Mais gestohlen hat.«

Und tatsächlich bewegten sich die Stäbe wie von magischer Kraft geführt auf die Hütte zu, die dem Dieb gehörte.

Sir Frank Swettenham beschreibt die Methoden der Hellsichtigkeit, wie er sie bei den Malayen kennenlernte, so: »Eine Möglichkeit ist die, in die Hand des Pawang, Zauberers oder Mediums einen Wahrsagestab zu legen, der aus drei Stücken Rattan besteht, die an einem Ende zusammengebunden sind. Kommt das Medium nun der ›gesuchten‹ Person oder dem Ort nah, wo etwas Gestohlenes versteckt ist, so schlägt der Stab auf eine ganz bestimmte Art aus.«

Wie alt diese Form des Orakels ist, können wir nur vermuten, aber sie dürfte mindestens eine Tradition von zwei- bis dreitausend Jahren haben.

T. J. Hutchinson berichtet in seinem Buch *Two Years in Peru* von einer aus Stein geschnittenen Figur, die einen gegabelten Stab trägt. Aus archäologischen Berichten wird geschlossen, daß die Zivilisation in Peru bis etwa 9000 v. Chr. zurückgeht. Die in diesem Stab verborgene Kraft des Wahrsagens war sicher den Medizinmännern und Zauberern zuzuschreiben.

Seltsam ist, daß im alten Rom nie etwas vom Wahrsagen oder Wassersuchen mit dem Stab erwähnt wird. Weder Vitruvius, noch Plinius nennen je einen Stab oder die Wünschelrute, obwohl sie ausführlich über die Methoden des Wasserfindens berichten.

Ein verschollener Band des Römers Varro, *Virgula Divina,* könnte sich jedoch ausschließlich mit Wahrsagemethoden befaßt haben. Ob er das Rutengehen für Wasser, verlorene Gegenstände oder Gold behandelt, ist eine Sache der Spekulation.

Man nimmt an, daß dieser Band vernichtet wurde, weil man befürchtete, das Volk könne die magischen Kräfte gegen seine Herrscher verwenden.

Cassiodorus im vierten Jahrhundert neuer Zeitrechnung und Palladius im sechsten Jahrhundert priesen Wasserentdecker, ohne jedoch den Gebrauch des Zauberstabes zu erwähnen.

Erst im elften Jahrhundert gibt es wieder einen Hinweis auf den Stab. Notker, ein Mönch in St. Gallen, war einer jener zahlreichen Mönche, die sich mit dem Geheimnis des

Wahrsagestabes befaßten; er schrieb über verdampfbare Quecksilberstäbe. Später, im fünfzehnten Jahrhundert, widmete der Benediktinerpater Basilus Valentinus sieben Kapitel des zweiten Bandes seines Werkes einem didaktischen Bericht über den Gebrauch des Wahrsagestabes. Aus allem geht jedoch hervor, daß man das Wort ›Wahrsagestab‹ ohne weiteres mit der Bezeichnung ›Zauberstab‹ gleichsetzen kann.

Vom zwölften bis zum fünfzehnten Jahrhundert wird in zahlreichen deutschen Schriften ›der Stab‹ erwähnt, niemals aber besonders im Zusammenhang mit der Suche nach Wasser oder Mineralien. Deutsche Geschichten, Sagen, Märchen und Folklore beziehen sich auf den goldenen Stab des Nibelungenliedes, den paradiesischen ›Wunschstab‹ von Gottfried von Straßburg und auf den Zauber- oder Zähmstab der Edda.

Eine sehr interessante Erwähnung des ›Wunschstabes‹ ist in Conrad von Megenbergs *Buch der Natur* zu finden, das zwischen 1348 und 1350 verfaßt wurde. Es scheint, daß sich als Spieß benützte gespaltene Haselnußstäbe in der Hitze des Feuers von allein drehen!

Trotz all dieser Erwähnungen von Zauberstäben, Stöcken, Bambusstäben und dergleichen, wurde das Wünschelrutengehen, wie wir es heute kennen, bis ins sechzehnte Jahrhundert hinein nicht als Kunst und Wissenschaft anerkannt. Eine Ausnahme gibt es in einem Manuskript, das 1430 von einem Minenaufseher geschrieben wurde. Ehe wir die Geschichte des modernen Rutengehens aufrollen, wollen wir noch einige Gerüchte über Rutengänger erwähnen, die im Mittelalter durch ganz Europa gingen.

In Schweden wurde der Rutengänger *Dalkarl* genannt. Ein schwedisches Manuskript aus dem zwölften Jahrhundert sagt, der Dalkarl müsse zunächst die Bergesche suchen, die aus einem Samen gewachsen sei, den ein Vogel aus dem Schnabel verloren hatte. Beim Zwielicht zwischen dem dritten Tag und der Nacht nach dem Frauentag solle er von dieser Esche einen Zweig abbrechen. Um die Wünschelrute mit magischen Kräften aufzuladen, habe er den Zweig mit Eisen in Berührung zu bringen und zwar so, daß der Zweig nicht vorher den Boden berühre. Erst dann sei der Zauberstab vollkommen.

In Dänemark wird behauptet, verlorene Schätze seien mit der Wünschelrute aufzufinden, die dort *Finkelrut* genannt wird. Diese Rute ströme aber nur dann magische Kräfte aus, wenn sie in der Johannisnacht unter Anrufung der christlichen Dreifaltigkeit geschnitten werde. Die Finkelrut kann auch zum Wassersuchen benutzt werden, muß dann allerdings aus einem Weidenzweig bestehen und muß von einem Mann geführt werden, der im Sternzeichen des Wassermannes geboren ist.

Faszinierend ist auch dies: Das Wappen der alten dänischen Familie Bille zeigt die Figur eines Trolles, der einen Schößling in der Hand hält. Die Tradition berichtet, während einer langen Trockenheit sei ein Troll mit einem Schößling in der Hand gekommen und habe Wasser gefunden.

Aus dem Karpatental stammt folgende Sage: Ein Holzfäller sagte zu seiner Frau: »Wenn wir nur einen Zauberstab finden könnten, dann wäre mit einem Schlag all unsere Not zu Ende.«

»Aber wie willst du denn den Baum erkennen, von dem dieser Zauberzweig gebrochen werden muß?« fragte seine Frau.

»Dafür«, erwiderte der Mann, »mußt du durch den ganzen Wald laufen und um die Mitternachtsstunde nach dem Baum suchen, der singt. Von diesem Baum brichst du ganz schnell einen Zweig ab und läufst wieder aus dem Wald heraus. In der nächsten Vollmondnacht brauchst du dann nur noch um das Tal zu wandern und jeden Stein, der am Weg liegt, mit diesem Zweig berühren. Triffst du zufällig den richtigen Stein, so öffnet er sich und gibt eine Höhle frei. Gehst du in diese Höhle hinein, so wirst du endlose Schätze finden, und dann sind wir reiche Leute. Das alles wurde mir von einem Berggeist erzählt, dem ich einmal einen großen Dienst erwiesen habe. Ich habe allerdings schon manche Nacht in den Wäldern verbracht, aber einen Baum, der zu singen begann, konnte ich nie finden.«

Von dieser Zeit an wanderten die beiden oft durch die Wälder. Einmal herrschte draußen ein so wütendes Gewitter, daß die Frau sich nicht aus dem Haus wagte. Nur der Mann zog seinen Mantel fester um sich und ging hinaus. Plötzlich bemerkte er, daß es dort, wo er stand, nicht regnete, und kaum zwei Schritte von ihm entfernt wütete der Sturm. Er blieb also dort, wo er stand, und wartete das Ende des Gewitters ab. So kam die Mitternachtsstunde heran.

Da beruhigte sich der Sturm und als der Holzfäller weitergehen wollte, begann der Baum, vor dem er stand, leise zu singen. Schnell drehte er sich um, kletterte hinauf, brach einen Zweig ab und lief eiligst davon. Erschöpft kam er zu Hause an und zeigte seiner Frau den Fund.

Kaum war die nächste Vollmondnacht gekommen, als er auch schon mit seinem Zauberstab durch das Tal lief und alle Steine berührte. Plötzlich öffnete sich einer der großen Steine. Der Holzfäller wollte schon hineingehen, schreckte aber zurück, als er einen Mann vor sich stehen sah. Dieser nickte ihm jedoch freundlich zu, und so betrat er die Höhle. Riesige Diamentenberge blendeten ihn fast. In seiner Unwissenheit hielt er die Edelsteine für Glas und ließ sie liegen. Er belud sich so schwer mit Gold, daß er es kaum zu schleppen vermochte, und verlor dabei den Stab. Als er hinausging, sah der Mann ihn bedeutungsvoll an, als wolle er ihn daran erinnern, daß er den Zauberstab zurückgelassen hatte. Aber der Holzfäller glaubte, er werde bedroht, und rannte so schnell er konnte mit seinem Schatz davon. Erst als er zu Hause war, fiel ihm der Zauberstab wieder ein und nun war ihm auch klar, warum der Fremde ihn so bedeutungsvoll angeschaut hatte. Schnell lief er zurück, doch der Fels hatte sich bereits geschlossen.

Die Märchen- und Sagenwelt ist in dieser Beziehung unerschöpflich und man könnte mit ähnlichen Begebenheiten ein ganzes Buch füllen. Wir haben nur ein paar der interessantesten und unterhaltsamsten Geschichten ausgewählt. Ein altes Sprichwort besagt, in jeder dieser Erzählungen stecke ein Stückchen Wahrheit, und auch wir können uns nicht vorstellen, daß all diese Märchen reine Fiktion sind.

Um zu geschichtlichen Berichten zurückzukehren: Im Jahre 1518 begann zwischen den religiösen Mächten des Protestantismus und des Katholizismus ein Glaubenskrieg, der vierhundert Jahre dauerte. Martin Luther verdammte das Rutengehen als eine Form ›schwarzer Magie‹. Er erließ sogar eine Proklamation, in der er den Gebrauch des Zauberstabes als Sünde gegen das erste Gebot bezeichnete, *du sollst keine anderen Götter neben mir haben.*

Luthers Verdammung erscheint in einem seltsamen Licht, wenn man bedenkt, daß sein Vater Bergmann war und das Pendel mit Sicherheit kannte, da es um diese Zeit in Bergwerken ständig im Gebrauch war.

Viele Quellen betrachten Deutschland, besonders das Gebiet um den Harz, als den eigentlichen Geburtsort der Wünschelrute.

In *Agricolas Lateinisch-deutsches Wörterbuch,* teilweise 1530 in einem Aufsatz veröffentlicht, wird einmal ›der Stab‹ erwähnt. Aber erst 1556 behandelte er in seinem Aufsatz *De Re Metallica* dieses Thema ausführlicher.

Während der Regierungszeit der Königin Elizabeth I (1558 bis 1603) wurden deutsche Bergarbeiter nach England verschickt, um in Cornwall die Bergwerksindustrie zu fördern. Man setzte besonders auf die Fähigkeit der deutschen Rutengänger, um vergessene Erzbergwerke neu zu entdekken. Gegen Ende des siebzehnten Jahrhunderts hatte sich der Einsatz der Wünschelrute zur Lokalisierung von Mineralien und Wasser über ganz Europa verbreitet. Unter den Gelehrten gab es darüber viel Streit, vom Klerus ganz zu schweigen. Die große Mehrheit der Wünschelrutengegner verdammte das Rutengehen nicht aus wissenschaftlichen Gründen, sondern behauptete, Wünschelrutengehen sei Teufelswerk.

Für diese Meinung gab es auch gute Gründe, denn die meisten Rutengänger des Mittelalters umgaben ihre Tätigkeit mit einer Aura des Geheimnisvollen und ließen sich ihre Voraussagen oft teuer bezahlen.

So lautete die Anrufung eines Rutengängers wie folgt: »Im Namen des Vaters, des Sohnes und des Heiligen Geistes, ich beschwöre dich, Augusta Carolina, daß du mir sagst so rein und treu wie die heilige Jungfrau Maria war, die unseren Herrn Jesus Christus gebar, wie viele Faden ist es hier bis zum Erz?«

Diese fragwürdigen Praktiken und Mißbräuche der Wünschelrute machen es verständlich, daß die Kirche kurzerhand alle Formen des Rutengehens verbot. Die Protestanten erklärten 1658 öffentlich in Wittenberg, die Wünschelrutenbewegung würde auf reinem Betrug oder einem Pakt mit dem Teufel beruhen. 1659, nach der Veröffentlichung eines Buches des Jesuitenpaters Gaspard, wurde unter den Geistlichen das Rutengehen sehr heiß diskutiert. Einige hießen es gut und wiesen auf die großen Erfolge frommer Mönche hin; andere drohten allen Rutengängern mit der Exkommunikation, da ihr Tun Teufelswerk sei.

1701 erklärte die Inquisition, schon der Gebrauch einer Wünschelrute würde als Schuldbeweis gelten. So wurde ein Dekret erlassen, aus dem hervorging, daß der Einsatz einer Rute bei der Suche nach vermißten Personen oder Verbrechern als Pakt mit dem Teufel zu betrachten sei. Unglücklicherweise hatten darunter auch die intelligenten und wissenschaftlich arbeitenden Rutengänger, wie z.B. Baron de Beausoleil, zu leiden. Bereits 1642 hatte man ihn der Zauberei beschuldigt und ins Gefängnis geworfen. Dort starb er für seine Überzeugung.

Im Erdgeschoß des Wissenschaftlichen Museums in South Kensington, England, gibt es eine Sammlung emblematischer Werkzeuge, die zwischen 1664 und 1749 von der Bergarbeitergilde in Sachsen benützt wurden. Dort fanden wir verschiedene Axtformen mit hölzernen Stielen und eingelegten Vignetten aus Elfenbein und Knochen. Diese Vignetten sind mit Bergwerksszenen und anderen Motiven graviert. Eine Vignette zeigt zwei Männer mit einer Wünschelrute, die sich einem dritten Mann mit einem sehr großen Pendel zuwenden.

Das ist der erste ›harte‹ Beweis für den Einsatz des Pendels, mit Ausnahme einiger nicht dokumentierter Berichte.

Professor Gerboin von der Universität Straßburg brachte 1799 ein Pendel aus Indien mit und führte es der Akademie der Wissenschaften in Paris vor. Er erarbeitete eine Studie, die sich mit dem Schwingungsrhythmus des Pendels über metallischen Massen befaßte und berichtete über seine Erfahrungen in einem Buch, das zu Beginn des neunzehnten Jahrhunderts veröffentlicht wurde. Ritter, ein deutscher Physiker, schrieb etwa um die gleiche Zeit ein Buch, dessen Aussagen mit denen Gerboins übereinstimmen.

Ampère und Chevreul, die berühmtesten französischen Wissenschaftler jener Zeit, wurden 1833 mit Untersuchungen zur Pendelforschung betraut. Sie scheinen leider nicht aufnahmefähig genug für die subtilen Schwingungen gewesen zu sein, denn sie kamen zu negativen Schlüssen. Die Ergebnisse ihrer Forschungen warfen das Studium des Pendels für mehr als ein halbes Jahrhundert zurück.

Erst seit dem ausgehenden neunzehnten Jahrhundert ist das Pendel wieder als Studienobjekt ›gesellschaftsfähig‹ und findet wissenschaftliche Anerkennung. Zahlreiche Tests, Experimente und Beobachtungen wurden an ihm durchgeführt und sorgfältig ausgewertet.

Denn zum Glück fehlte nicht allen Forschern die für Rutengänger so überaus wichtige Sensibilität, die für Pendler unerläßlich ist. Die Ergebnisse ihrer Arbeit füllen zahllose Bände.

Viele Gesellschaften, Organisationen, Gruppen, Regierungen usw. haben ihre Aufmerksamkeit den Grundsätzen und Praktiken der Wünschelrute zugewandt. Hier sollen nur zwei erwähnt werden: die British Society of Dowsers und die American Society of Dowsers*.

Zu den mit der Wünschelrute experimentierenden Regierungen gehören neben der Sowjetunion, den Vereinigten Staaten, Kanada und Frankreich auch England. Die Regierung von British Columbia, Kanada, beauftragte 1931 einen Wünschelrutengänger damit, Wasser für die Siedler des Bezirks zu suchen. Die Bristol-Myers Company bezahlte einem anderen Radiästhesisten 2500 Dollar, weil er in New Jersey einen unterirdischen Wasservorrat entdeckte. Kanadische Industriewerke, die teilweise der E. I. DuPont de Nemours Company gehören, bezahlten einem Rutengänger die gleiche Summe, als er eine gute Wasserader fand. Die RCA Company sparte nicht, als sie einen Rutengänger für die Auffindung einer Wasserader auf dem Werksgelände in Victor, New Jersey, reichlich entlohnte.

Selbst sehr gefeierte Wissenschaftler des zwanzigsten Jahrhunderts haben dieses Phänomen ohne Vorurteile, ohne übertriebene Skepsis und vor allem Hohn studiert. Albert Einstein fand das Rutengehen faszinierend und glaubte, der Elektromagnetismus würde uns wissenschaftliche Antworten auf das große Warum geben können.

Joseph B. Rhine, ein Professor der Duke University, bot die Erklärung an, Wünschelrutengehen und Pendeln habe eher etwas mit außersinnlichen Wahrnehmungen zu tun als mit Physik. Wir glauben, daß diese Annahme nur teilweise

---

* die britische und amerikanische Gesellschaft für Rutengänger

stimmt. Es muß wohl von einer Kombination beider Möglichkeiten ausgegangen werden.

Der französische Nobelpreisträger Charles Richet faßt seine Erkenntnisse zum Phänomen der Wünschelrute und des Pendels so zusammen: »Wünschelrutengehen ist eine Tatsache, die wir akzeptieren müssen.«

3 Warum das Pendel wirkt: Wir leben in einem Energie-Universum

Wir leben in einem Energie-Universum und jeder Organismus ist von Energieströmungen umgeben. Alle Körper strahlen. Die meisten von uns haben jedoch verlernt, diese Strahlungen wahrzunehmen. Da aber jede Strahlung Energie ist und sich die Kraft dieser Energie immer in einem Spannungsverhältnis ausdrückt, ist das Pendel ein Medium, das die Qualität einer solchen Spannung darstellt.

Wenn Sie Strom in einen Motor leiten, erhalten Sie Drehung, Kraft und Bewegung. Das gleiche Prinzip liegt der Arbeit mit dem Pendel zugrunde. Mit der Kraft Ihrer Konzentration senden Sie Energie in das Pendel und erzielen mechanische, gesetzmäßige Beweungen.

Alle pflanzlichen, tierischen und menschlichen Zellen verfügen über die Fähigkeit, existierende Energien zu fühlen und zu bestimmen. Diese Intuition ist aber im Laufe der menschlichen Entwicklung vom Intellekt verdrängt worden. Betrachten Sie das Pendel als einen Transformator, der das intuitive Wissen in Energie umsetzt und somit sichtbar macht. Die verborgene Weisheit des Unterbewußten kommt zum Tragen.

Pflanzen schrecken vor Leuten, die eine feindselige Energie gegen sie ausstrahlen, zurück, wie Cleve Backsters Experimente bewiesen. Auch Tiere fühlen eine bevorstehende Gefahr. Selbst Menschen zucken oder ziehen sich vor schmerzlichen oder unangenehmen Empfindungen zurück. Alle lebende Materie scheint über eine ihr innewohnende Intelligenz zu verfügen, die sich in einer Art ›primärer Wahrnehmung‹ dessen ausdrückt, was für ihren besonderen Fall vor- oder nachteilig ist.

Menschen haben diese Fähigkeit in sehr hohem Maß entwickelt, wenn wir uns auch dessen meistens nicht bewußt sind. Oder wir legen zu großen Wert auf unsere intellektuellen Fähigkeiten und übersehen dabei die Intuition; damit entgeht uns aber das, was auf einer anderen Bewußtseinsebene geschieht.

Haben Sie je einen Raum betreten und sich sofort behaglich gefühlt? Haben Sie bemerkt, wie Sie sich innerlich anspannen, unsicher, zornig und ängstlich fühlen? Meistens übergehen wir diese Empfindungen und fahren in dem fort, was wir tun. Aber diese Reaktion ist ein Signal Ihres Nervensystems, es sagt Ihnen, daß Atmosphäre und Energien an diesem Ort für Sie ungesund sind. Dasselbe kann Ihnen auch mit Menschen passieren. Bei einer Person fühlen wir uns ausgesprochen wohl, locker, entspannt und behaglich, während sich in Gegenwart anderer Menschen unsere Bauch- und Schultermuskeln verspannen; wir fühlen uns verkrampft, unser Atem wird unrhythmisch und flach, und die Unterhaltung erschöpft und streßt. Äußerlich vermitteln uns unsere fünf Sinne jedoch keine Daten, die diese Harmonie oder das auftretende Unbehagen erklären könnten. Der Mensch, der uns verunsichert, mag freundlich und gebildet sein und sich wie ein englischer Lord benehmen; und trotzdem ist unser ungutes Gefühl mit dem Verstand nicht zu beschwichtigen. Etwas Tieferes in uns, etwas Grundlegendes und Unverleugbares zeichnet eine negative Energie auf und gibt diese Information an das gesamte Nervensystem weiter.

Der menschliche Organismus ist ein so komplizierter Apparat, daß wir wohl noch lange, vielleicht immer, an ihm herumrätseln werden. Eines jedoch ist unbestritten: Das Nervensystem ist die Sendezentrale des Körpers. Es leitet dem Gehirn alle Daten zu, die von diesem wiederum ausgewertet und an die einzelnen Organe zurückgesandt werden. Die Fähigkeiten des menschlichen Nervensystems scheinen unbegrenzt zu sein. Graf Alfred Korzybski behauptete einmal, das Leben an sich sei nichts anderes, als ein individuelles Quantum an Energie, mit der das Nervensystem gespeist würde.

Das System scheint wie ein kosmischer Computer zu funktionieren, der an einen überempfindlichen Empfängersatz angeschlossen ist. Ein richtig geübtes, gefühlsfähiges Nervensystem braucht keine Hilfe von außen, um irgendeine gewünschte Information zu erhalten.

Ein Mensch, der über eine dermaßen geschulte Empfindungsfähigkeit verfügt, muß nur an eine bestimmte Frage oder an ein Problem denken, und sein Gehirn sendet Strahlen in die Unendlichkeit, um die gewünschte Information zu erhalten. Die Antwort ist dann als körperliche Empfindung wahrnehmbar.

Leider haben nur die wenigsten von uns einen so intensiven Zugang zu ihrer Intuition. Wir brauchen handfeste Hilfen, um die Signale unserer Nerven zu deuten und zu verstärken. Und das genau ist die Funktion des Pendels.

Es ist also nicht das Pendel selbst, das uns die Antworten gibt; es ist die innere, höhere Intelligenz, die sich durch das Nervensystem mitteilt, das uns Signale gibt. Das Pendel verstärkt diese Signale und deutet ihren Sinn durch den Code, der zwischen Bewußtsein und Unterbewußtsein ›vereinbart‹ wurde.

Ein guter Rutengänger oder Pendler sieht die Antwort nicht nur in der Bewegung des Pendels oder im Ausschlag der Rute. Er fühlt oder ahnt die Antwort — als Art einer Frequenzaufzeichnung — in seiner Hand, im Arm, am ganzen Körper. Aber das kommt natürlich erst mit der Erfahrung.

Wenn also ein Pendler sein Pendel über ein Objekt oder eine Person hält — etwa bei der medizinischen Radiästhesie, so mißt er die Dynamik eines gegebenen Kraftfeldes mit seinem eigenen Nervensystem.

Frühe Experimente mit der Radiästhesie ergaben, daß es

nicht notwendig ist, Gegenstände oder Menschen real vor sich zu haben, um genaue Lesungen zu vollziehen. Der auszupendelnde Fragenkomplex könnte hunderte oder sogar tausende von Kilometern entfernt sein, und es würde gar nichts ausmachen. Abbé Mermet, ein französischer Priester und einer der größten Pioniere auf diesem Gebiet, konnte mit der Wünschelrute Wasser und Mineralien in Afrika auffinden, während er behaglich an seinem Schreibtisch in einem französischen Dorf saß. Er hielt das Pendel nur über eine Landkarte des betreffenden Gebietes, und, waren Wasser oder Mineralien vorhanden, so bewegte sich das Pendel im Uhrzeigersinn.

Verne Cameron, ein berühmter Rutengänger und Wassersucher, durfte sein Land nicht verlassen, da man ihn für ein Sicherheitsrisiko hielt. Warum? Er führte den Admiralen der US-Navy mittels Landkarte und Rute vor, wie er die Position und Tiefe aller Unterseeboote und U-Boot-Stützpunkte im Pazifik lokalisierte. Er konnte bei diesem Experiment sogar noch zwischen amerikanischen und russischen U-Booten unterscheiden.

Wie machte er das? Die verschiedensten Erklärungen und Theorien wurden aufgestellt. Max Freedom Long, eine Autorität auf dem Gebiet der Radiästhesie, geht davon aus, daß das Pendel das Wissen des Unterbewußtseins sichtbar macht. Verne Cameron selbst ist der Überzeugung, es handle sich um superbewußte Energien. Andere Erklärungen gehen in die metaphysische oder religiöse Richtung wie z.B. die, ein Engel würde das Pendel in Bewegung setzen. Ich selbst bin jedoch mit vielen anderen Radiästhesisten der Meinung, daß das Pendel ein Vermittler zwischen der kosmischen Strahlung und dem Unbewußten ist. Jede Strahlung erzeugt Bewegung und Bewegung ist Kraft. Jede Kraft findet Widerstand, Reibung. Denken Sie nur an das physikalische Gesetz von Druck und Gegendruck. So ist das Pendel ein Notmittel, um Irrtümer menschlicher Art auszuschließen. Nicht jeder kann besonders sensitiv sein und seine inneren Fähigkeiten so entwickeln, daß er in der Lage ist, Spannungen ohne das Hilfsmittel des Pendels zu erkennen.

Wichtig bei jeder Geschicklichkeit oder Fähigkeit ist jedoch nicht das Warum, sondern das Wie. Ist erst einmal dieses Wie bekannt, wird das Warum belanglos. Theorien sind nur so lange nützlich, wie sie die unersättliche Neugier des Intellekts befriedigen können, der keine Ungewißheit duldet. Der Intellekt will alles begreifen können.

Zur Erklärung der Teleradiästhesie (Entdeckung aus der Entfernung) hier ein Gleichnis, das so gut ist wie jede andere Interpretation: Der Geist funktioniert etwa so wie eine Kombination von Radio/TV-Empfänger und Sender. Eine Person mit richtig geschultem Geist, die sich konzentrieren kann und ihre Gedanken an ein bestimmtes Objekt, an eine Idee, eine Person oder eine Substanz bindet, stimmt sich darauf ein. Die Person berührt das Ding auf dessen eigener Frequenz. In Resonanz dazu beginnen Nervenzellen zu vibrieren, und diese Vibration hat eine Wellenlänge, die eine einmalige Qualität von Ton und Farbe erzeugt. Isidore Friedman, ein Meisterpendler, vertritt die Meinung, diese Frequenz habe auch einen gewissen Umriß, eine Form. Das Nervensystem übersetzt diese Eigenschaft und löst die geeignete Pendelbewegung aus.

Jeder ist heutzutage mit Radioband und TV-Frequenzen vertraut, und deshalb sollte dieses Beispiel gut verstanden werden. Aufmerksamkeit und Konzentration sind die Einstimmungsmittel des Geistes. Die Sendestationen sind die Objekte oder Menschen selbst, die ununterbrochen Energiefrequenzen ausstrahlen. Die einzigen dabei auftretenden Probleme sind zu viel Statik und deshalb zu viele Interferenzen in unseren eigenen Köpfen oder in der Umgebung. Deshalb können die Pendelablesungen fehlerhaft oder ungenau sein.

Führen wir nun unsere Analogie zu Radio und Fernsehen

noch einen Schritt weiter; wir alle wissen, daß es elektrische Störungen gibt — Stürme oder Blitze in der Atmosphäre —, die unseren Radio- oder TV-Empfang beeinträchtigen. Ton und Bild surren, krachen, pfeifen, springen herum. Die Frequenzen verschieben sich dauernd und werden verzerrt. Ähnliches geschieht, wenn in unserem Geist oder in unseren Gefühlen elektrische Stürme stattfinden; oder wenn gewisse planetare Einflüsse das Gleichgewicht der mentalen Atmosphäre stören.

Es ist einfach, die Störungen der Umgebung auszuschalten; wir verlegen die Arbeit mit Pendel und Rute auf eine ruhigere, friedlichere Zeit. Zum Glück sind diese atmosphärischen Störungen nicht permanent vorhanden. Eine andere Sache allerdings ist es, die Störungen in unserem Verstand und Gefühl zu beseitigen. Dazu sind Training und Disziplin nötig. Es bedarf der Fähigkeit, sich zu konzentrieren, den Brennpunkt zu finden und nicht mehr loszulassen. Und das ist die schwierigste Seite des Pendelns.

Jeder mit einem geübten Geist, der sich mindestens durchschnittlich gut konzentrieren kann und der emotional stabil ist, kann mit dem Pendel innerhalb kurzer Zeit genaue Lesungen erzielen. Unser Rat geht also dahin: Erwerben Sie sich zunächst die notwendige geistige und gefühlsmäßige Kontrolle, bevor Sie zuviel Vertrauen in Ihre Pendellesungen setzen. Sie können natürlich auch das Pendel zur Entwicklung dieser Fähigkeiten einsetzen. Wenn Sie sich darin üben, emotional neutral zu werden, so gewinnen Sie mehr innere Ruhe und mehr Kontrolle über sich selbst und Sie werden feststellen, daß Ihre Lesungen genauer werden. Im gleichen Maße lernen Sie, alle Möglichkeiten Ihres Lebens auszuschöpfen. Sie entwickeln innere Stabilität und ein Selbstvertrauen, das aus der Kraft des Unbewußten gespeist wird.

Auf jeden Fall bedarf die Wissenschaft der Radiästhesie keiner weiteren Theorien mehr, sondern braucht geübte Praktiker, die selbst erkennen, wozu sie fähig sind. Diese

Praktiker werden in der Lage sein, das Forschungsgebiet der Pendelmagie auszuweiten.

Haben Sie erst einmal damit begonnen, den Wert des Pendelns für sich selbst zu entdecken, so sind Ihnen die Theorien relativ egal. Sie haben Ihr eigenes Wissen und Vertrauen und sind nicht auf Erklärungen von anderen angewiesen.

Man fragte Edison: »Was ist Elektrizität?« Und er antwortete: »Ich weiß es nicht. Aber sie ist da. Also laßt uns sie benutzen.«

4 Stellen Sie Ihr eigenes Pendel her

Ganz neutral gesehen, ist das Pendel ein kleines Gewicht mit einer Fadenverbindung, das vor der Hand gehalten wird. Welches Gewicht Sie für Ihr persönliches Pendel benutzen, ist eine ganz individuelle Entscheidung.

Einzelne Handwerker, die oft selbst Radiästhesisten sind, arbeiten stundenlang in ihren Werkstätten oder Labors, um einen neuen Pendeltyp zu schaffen oder den vorliegenden zu perfektionieren. Es gibt Tausende von Arten, vielleicht Zehntausende. Die üblichsten Pendel sind aus Holz, Metall, Glas, Bakelit, Plastik oder Bernstein gefertigt. Kostbare Metalle oder andere wertvolle Materialien wie Buchenholz, Elfenbein, Marmor, Gold, Silber, Kristalle, Jade, Amethyste, Lapislazuli, Chrysokoll, Fischbein oder das aus der Tschechoslowakei eingeführte Bleikristall werden nicht so häufig zur Herstellung des Pendels benützt.

Abbé Mermet, ein Pionier des Pendels, benutzte ein winziges, mit einer Flüssigkeit gefülltes Flakon. Eine ›esoterische Gesellschaft‹ in St. Louis liefert Pendel aus Tantal, einem seltenen Mineral. Zwei andere Pendelneuheiten sind aus Kolophonium oder Paraffin, allerdings noch nicht im Handel erhältlich. Man muß sie selbst herstellen, braucht dazu jedoch eine Gießform. Es wird gesagt, die Mühe würde sich bezahlt machen, da dieses Pendel überaus empfindlich sei. Leider ist es auch ziemlich zerbrechlich.

Vom Gesichtspunkt der mechanischen Bewegung aus sollte das als Pendel einzusetzende Gewicht ein symmetrischer Gegenstand mit nicht zu langer senkrechter Achse sein. Bei einer zu langen Achse gerät das Pendel leicht ins Schwanken und vollzieht unharmonische Schwingungen. Ein in jeder Eisenwarenhandlung erhältliches Maurerlot zu 50 g ist für den Anfänger am besten geeignet.

Im allgemeinen sind Pendel rund, zylindrisch, kugel- oder zigarrenförmig. Am wichtigsten ist, daß sie absolut symmetrisch sind. Die Kugelform scheint den Vorteil zu haben, daß sie vom Wind weniger beeinträchtigt wird. Andererseits ist die Kugel aber gelegentlich für winzige, jedoch sehr wichtige Veränderungen nicht so empfindlich und daher nicht so genau. Die meisten Pendler bedienen sich der zylindrischen Form, weil sie am genauesten ist. Manche Pendel sind teilweise hohl, um Muster von den Substanzen aufzunehmen, die zu analysieren sind. Der Nachteil dieses Typs ist, daß Restvibrationen des Musters zu Unregelmäßigkeiten führen können. Soll zum Beispiel ein Goldschatz mit einem winzigen Goldklümpchen im Pendel gefunden werden und wird dann etwa das Goldmuster durch Silber ersetzt, um Silber zu finden, so kann der winzige Goldrückstand das Auffinden des Silbers verhindern.

Der Pendelkünstler muß eine flexible Verbindung zum Pendelkörper wählen, so daß es frei ausschwingen kann. Faden, Schnur, eine Kette, weißer Hanf, eine Nylon-Angelleine, schwarze Seide, Zwirn und dergleichen werden gewöhnlich benützt. Wichtig ist, daß diese Verbindung beweglich, stark und geschmeidig ist. Am billigsten und dauerhaftesten erscheint mir die Nylon-Angelleine. Normaler Nähfaden ist zwar geschmeidig und beweglich, hat aber nicht genug Festigkeit.

Wie können Sie nun jetzt Ihr eigenes Pendel herstellen? Viele Radiästhesisten haben ganze Bücher darüber geschrieben. Sibil Leek, die international bekannte Astrologin und sich selbst als ›Hexe‹ bezeichnende Frau schreibt: »Zur Herstellung eines eigenen Pendels brauchen Sie nur eine kleine Glas- oder Plastikperle, die Sie an ein Stück Faden knüpfen, vorzugsweise aus schwarzer Seide.« Anstelle der Perle läßt

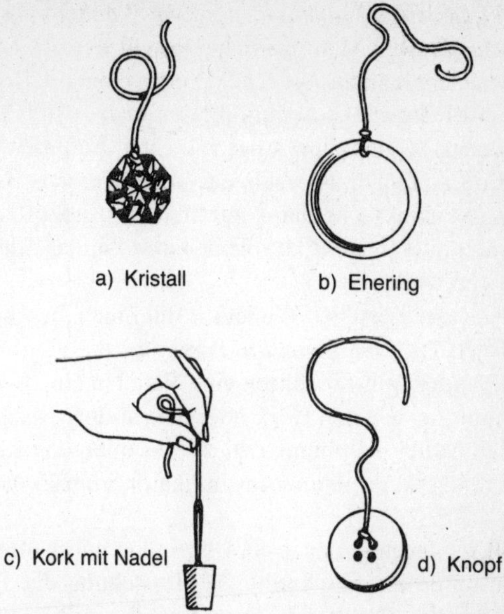

Abb. 1 Pendel aus alltäglichen Gegenständen

sich auch ein kleiner Ring, etwa ein Ehe- oder Freundschaftsring benützen (siehe Abbildung 1).

Der englische Arzt und Radiästhesist Henry Tomlinson empfiehlt Anfängern eine schwarze Holzspule, die an einem mindesten 15 cm langen Faden befestigt wird. Tomlinson und Leek raten nicht deshalb zu schwarzem Faden, weil sie etwa schwarze Magie ins Spiel bringen wollen.

Der Grund ist einfach und wissenschaftlich: Schwarz vibriert in weniger störenden Wellen als Regenbogenfarben, und damit wird die Möglichkeit ›streunender‹ Interferenzen beschnitten.

Der Kanadier Dr. Howard Brenton MacDonald schreibt in

How to Make and Operate A Pendulum: »Pendel können aus den verschiedensten Materialien hergestellt werden. Ein ganz einfaches macht man aus einer Perle oder einem perlenähnlichen Ding wie einem Blusenknopf, den man ans Ende eines etwa zwanzig Zentimeter langen dicken Baumwollfadens bindet. Für Anfänger ist auch ein perlenförmiger Ohrring recht gut. Man braucht dann nur den Clip abzuschneiden und das Schmuckstück an das Ende eines Fadens oder eines Kettchens zu binden.«

Der bekannte Forscher, William J. Bill Finch, beschreibt in seinem Buch *The Pendulum and Possession* die Eigenherstellung des Pendels so: »Sie führen eine Nadel in eine Kugel aus Aluminiumfolie, in einen Kork oder eine andere weiche Substanz. Das Nadelöhr nimmt den Faden oder das Kettchen auf. Die Spitze kann dann zum Indikator, zum Zeiger werden.«

Beverly C. Jaegars, der in St. Louis eine anerkannte Pendelschule unterhält, beschreibt die Herstellung des Pendels wohl am besten: »Das Pendel kann einfach ein Ring oder ein zugespitzter Gegenstand sein, der an einem Faden oder einer Kette aufgehängt ist. Ein Medaillon, ein Ohrring, ein Angelgewicht wird genügen, bis Sie zu Ihrem individuellen Instrumententyp finden.«

Zwei französische Radiästhesisten empfehlen den Gebrauch eines zusammengesetzten Pendeltyps. Sie fügen zu Faden und Gewicht noch einen kleinen Stock. Henry de France beschreibt die Herstellung dieses dreiteiligen Pendels wie folgt: »Nehmen Sie eine Holzkugel oder ein zylinderförmiges Holzstück von ca. 30—60 Gramm — für den Anfänger ist ein schwereres Pendel zu empfehlen — dann einen etwa 20 cm langen weichen Faden, der in eine Schlinge mündet. In die Holzkugel wird nun ein Loch gebohrt und in diesem Loch befestigt man die Schlinge mit einem winzigen Holzzapfen. Anschließend wird der Faden an einen kleinen Stab von etwa 10 cm Länge und 3—4 Millimeter Durchmesser geknotet und je nach Bedarf der Pendellänge auf- oder abgewickelt.«

Ein anderer Franzose, Pierre Beasse, beschreibt seine Methode im Aufsatz *Dowsing According to the Methods of Physical Radiesthesie* wie folgt: »Die Kugel kann eine große Murmel sein, wie sie von Schuljungen benutzt wird und aus Glas, Holz, Sandstein oder sonst einem Material bestehen. Diese Kugeln sind in jedem Kaufhaus erhältlich. Durchmesser etwa 2½ Zentimeter. In die Kugel wird eine kleine Kerbe geschnitten, in die man ein Zelluloidstreifchen von 2 Millimetern Breite klebt, nachdem vorher ein Faden durch das Zelluloidstreifchen gezogen wurde. Das Ende des Fadens wird an einen kleinen Stab geknotet.«

Beide Franzosen erklären, daß dieser Pendeltyp an dem Stöckchen zwischen Daumen und Zeigefinger gehalten werden soll. Ist die richtige Fadenlänge gefunden, die für jeden Pendler verschieden ist, so wird das Pendel entsprechend den Vibrationen des strahlenden Objektes zu rotieren beginnen.

Eine Abart des Pendels nennt man ›Hohlpendel‹, ähnlich den schon vorher erwähnten Typen. Dieses Pendel nimmt die Substanz auf, die erpendelt werden soll. Es besteht aus kleinen Behältern aus Ton oder Holz und hat einen Griff, an dem Faden oder Schnur befestigt werden.

Auch wir haben ein Pendel entwickelt, das sich in der Praxis als außerordentlich empfindlich und genau erwies (siehe Abbildung 2). Die meisten Holzhandlungen verkaufen Stäbe von etwa 45 cm Länge und eineinviertel Zentimeter Durchmesser. Der Stab sollte möglichst mit einer Kreissäge in Stükke von 5,6 und 6,25 Zentimeter Länge geschnitten werden. Beide Enden eines jeden Stückes sind glatt abzuschmirgeln. In einem Eisenwarenladen kaufen Sie einen Möbelfußschoner aus Gummi oder Plastik, 1,25 Zentimeter dick, und abgerundete halbzöllige Stifte mit Gummienden. Von einer Nylon-Angelleine, geprüft auf 10—12 Pfund, schneiden Sie etwa 20—25 Zentimeter ab und machen an jedem Ende einen

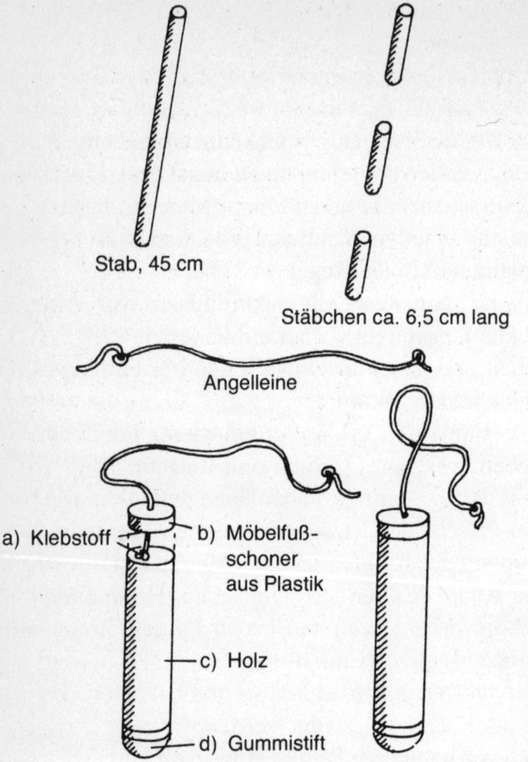

Abb. 2 So stellen Sie Ihr eigenes Pendel her

Knoten. In den Mittelpunkt des Plastik-Möbelfußschoners wird nun ein Loch gestanzt. Durch dieses Loch zieht man das Ende der Angelleine und klebt das andere Ende an den Holzstab fest. Drücken Sie nun schnell den Möbelfußschoner auf das Stabende und lassen Sie das Pendel trocknen. Jetzt können Sie den Stab lackieren wie Sie wollen. Wir färben die unseren mit Nußtinktur. Lassen Sie die Farbe gut antrocknen und schlagen Sie anschließend den runden Gummistift in das andere Stabende.

Die Herstellung eines solchen Pendels ist nur eine Anregung. Jeder muß für sich selbst herausfinden, mit welchem Material er am besten arbeiten kann. Ob Sie eine Perle, einen Ring oder ein Stabpendel benutzen, ist egal. Doch wir raten: arbeiten Sie immer mit Ihrem persönlichen Pendel und geben Sie es auch nicht aus der Hand. Das Pendel ist Ihr Werkzeug und Ihr Zugang zum Unbewußten. Es stellt sich auf Ihre Schwingungen ein und könnte in den Händen anderer seine Sensibilität verlieren.

Hat ein anderer mit Ihrem Pendel gearbeitet, so sollten Sie es vor Beginn der nächsten Lesung in die geschlossene rechte Hand nehmen und es dreimal unter starker Konzentration anhauchen.

5 Wenn nichts klappt, folgen Sie den Anweisungen

Die Handhabung des Pendels ist ebenso einfach zu erlernen, wie zum Beispiel Schreibmaschineschreiben oder Stricken. Man braucht Zeit, Geduld und natürlich die Bereitschaft, die eigene Intuition zunächst einmal zu entdecken und ihr dann zu vertrauen. Haben Sie das, so ist Ihnen der Erfolg sicher.

Das Pendel ist eine Art Kommunikationsgerät zwischen dem Bewußtsein und dem Unterbewußtsein. Bevor aber diese beiden ›Fremden‹ ihr Wissen untereinander austauschen können, muß eine von beiden verstandene Sprache gefunden werden. Das Unterbewußtsein selbst kann keine Maßstäbe setzen. Es ist jedoch in der Lage, die vom Bewußtsein gegebenen Richtlinien zu akzeptieren. Stellen Sie also für sich selbst die Pendelbewegungen klar, die ›ja‹, ›nein‹ und ›vielleicht‹ bedeuten. Auf diese Art programmieren Sie Ihr Unterbewußtsein.

Zeichnen Sie auf ein großes Blatt Papier die folgenden Symbole: senkrechter Pfeil, waagerechter Pfeil, Halbkreis im Uhrzeigersinn, Halbkreis gegen den Uhrzeigersinn (s. Abbildung 3).

1. Halten Sie Ihr Pendel über den senkrechten Pfeil. Beginnen Sie mit einer Fadenlänge von 7—8 Zentimetern. (Achtung: Beim Pendel gibt es keine Standard-Fadenlänge! Mit einiger Erfahrung bekommen Sie ein sicheres Gefühl dafür, welche Fadenlänge für Sie am besten ist.) Während Sie das Pendel halten, wird es entweder ruhen, oder irgendwie über dem Pfeil kreisen.

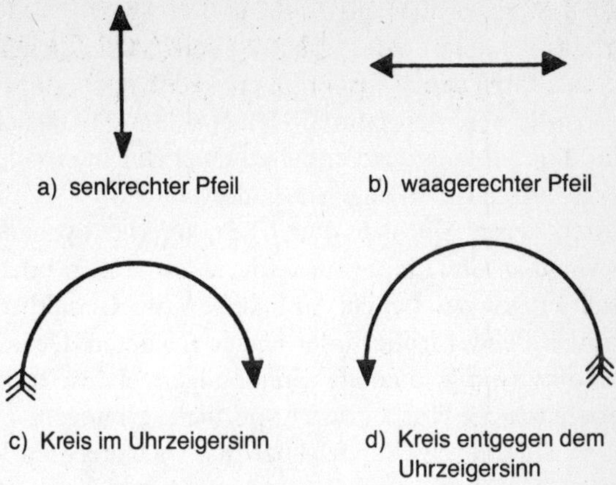

Abb. 3 Symbole für die Festlegung von Pendelmitteilungen

2. Jetzt schauen Sie das Pendel an. Von der Kraft Ihres Geistes angetrieben, wird es nun gerade in Pfeilrichtung auf und ab schwingen. *Bewegen Sie aber nicht Ihre Finger oder Ihre Hand! Bedienen Sie sich ausschließlich der Kraft Ihres Geistes und Willens.*
   In zehn Fällen gehorcht das Pendel neunmal. Das überrascht jene, die mentale Phänomena nicht verstehen, ist jedoch völlig normal. Der Geist besitzt die Kraft, Materie zu beeinflussen, und die Arbeit mit dem Pendel ist eine der einfachsten Methoden, um das unter Beweis zu stellen.
   Funktioniert das Experiment nicht auf Anhieb und reagiert das Pendel gar nicht oder in unruhigen, abgehackten Bewegungen, so sind Sie entweder müde — das ist gewöhnlich der Fall —, oder Sie verfügen zur Zeit nicht über eine ausreichende mentale Spannung, um die richtigen Bewegungen zu veranlassen. Die letztere Erklärung trifft jedoch nur in den seltensten Fällen zu.

Fühlen Sie sich aber ausgeruht und entspannt, und reagiert das Pendel trotzdem nicht, so ist dies ein Zeichen dafür, daß Ihre mentale Energie entweder noch aufgebaut oder reaktiviert werden muß. Dann sollten Sie täglich einige Minuten lang das Pendel zu einer der in Abbildung drei gezeigten Bewegungen veranlassen.

Konzentrieren Sie sich dabei nur auf die dynamische Schwingung, ohne an etwas anderes zu denken oder gar schon Fragen zu stellen. Und haben Sie Geduld; dann wird das Pendel früher oder später reagieren. Der Geist kann durch einige mentale ›Freiübungen‹ ebenso trainiert werden, wie der Körper durch sportliche Übungen.

3. Halten Sie nun das Pendel über den waagerechten Pfeil. Richten Sie Ihre ganze Geisteskraft darauf aus, daß es sich in Pfeilrichtung, also horizontal, bewegt.
4. Diese Vorgehensweise wiederholen Sie über dem Kreis im Uhrzeigersinn, und mit der Kraft Ihres Geistes bringen Sie das Pendel dazu, in der entsprechenden Kreisbewegung zu schwingen.
5. Tun Sie das gleiche über dem Kreis entgegen dem Uhrzeigersinn.

   Bevor Sie sich an den nächsten Schritt wagen, sollten Sie sich unbedingt davon überzeugen, ob Sie die Fähigkeit haben, das Pendel in jede von Ihnen gewünschte Richtung schwingen zu lassen.
6. Bestätigt das Pendel Ihnen diese Fähigkeit, so bringen Sie es über dem Kreis im Uhrzeigersinn zum Schwingen. Es muß einen ausgewogenen, glatten Kreis beschreiben. Während das Pendel kreist, wenden Sie sich an Ihr Unterbewußtsein. Sprechen Sie es laut an. Rufen Sie Ihr Unterbewußtsein beim Namen und sagen Sie: »Wenn ich jetzt eine Frage stelle und die Antwort ist ›ja‹, wirst du das Pendel im Uhrzeigersinn schwingen lassen, also so, wie es jetzt kreist.« Oder sagen Sie: »Diese Bewegung bedeutet ja.« Ihre Stimme muß befehlend klingen. Vergessen Sie

nicht, daß Sie Ihrem Unterbewußtsein einen Befehl erteilen. Es wird diesem Befehl gehorchen.

7. Nun halten Sie Ihr Pendel über den anderen Kreis, entgegen dem Uhrzeigersinn. Mit Ihrem Geist veranlassen Sie die Bewegung in der gleichen Richtung. Während es kreist, sagen Sie zu Ihrem Unterbewußtsein: »Wenn ich eine Frage stelle und die Antwort ist nein, wirst du das Pendel entgegen dem Uhrzeigersinn schwingen lassen.« Oder Sie sagen: »Diese Bewegung bedeutet nein.«
8. Wiederholen Sie diese Programmierung einmal täglich eine Woche lang.

Dadurch wird sichergestellt, daß Ihre Befehle bis ins Unbewußte vordringen.

Ist das Unterbewußtsein erst einmal programmiert, so kann die praktische Arbeit mit dem Pendel beginnen. Beachten Sie jedoch die nachfolgenden Richtlinien:

a) Das Pendel wird jede Frage beantworten, die so gestellt ist, daß sie mit ›ja‹ oder ›nein‹ beantwortet werden kann. Formulieren Sie Ihr Anliegen klar und bestimmt. Es ist sinnlos, Fragen zu stellen, die nicht mit ›ja‹ und ›nein‹ zu beantworten sind. Das Nervensystem hat keine Sprache, um differenzierte Allgemeinaussagen zu treffen.
b) Ihr Geist und Ihr Gefühl müssen in einem neutralen Zustand sein. Wenn Sie ein genaues Resultat wünschen, so dürfen Sie das Ergebnis nicht durch Wunschdenken beeinflussen. Ihre Gefühle und Erwartungen sind Energien, die sich auf den Pendelschwung übertragen. Die besten Resultate erzielen Sie, wenn sie völlig neutral und wertfrei mit dem Pendel arbeiten. Nur dann wird die Welt des Bewußtseins ausgeschaltet und das Unbewußte kann seine klaren und eindeutigen Signale vermitteln, seien Sie also wach und wertfrei. Das ist vielleicht das schwierigste Stück Arbeit beim Pendeln: sich in diesen Zustand zu versetzen. Sind Sie aber erst soweit, so verfügen Sie über ein

unschätzbares Werkzeug für Ihr ganzes Leben. Sie werden einen sechsten Sinn entwickeln und über einen direkten Zugang zu Ihrer Intuition verfügen. Ihr Bewußtsein erweitert sich und diese Erfahrung kann nicht mit Worten beschrieben werden.

Bevor Sie die für Ihre Fragen erforderliche Neutralität erworben haben, sollten Sie zunächst einmal nur Pendellesungen über die Gebiete vornehmen, die Ihnen nicht so sehr am Herzen liegen. Dem Anfänger sei geraten, jene Fragen, an deren Resultate er unmittelbar interessiert ist und die ihn sehr beschäftigen, von einem Freund oder einer neutralen Person auspendeln zu lassen. Um die Fähigkeit zu erlernen, sich in einen neutralen und objektiven Zustand zu versetzen, bedarf es viel Übung und viel Erfahrung.

c) Überzeugen Sie sich davon, daß Ihre Gefühle ruhig und stabil sind, wenn Sie sich des Pendels bedienen. Sind Sie aufgeregt oder besonders gehobener Stimmung, oder auch besonders angespannt, so könnte Ihre Lesung fehlerhaft ausfallen.

Starke Emotionen erschüttern das Nervensystem. Da das Pendel nach bioelektrischen Grundsätzen arbeitet, ist es sehr anfällig für seelische Konflikte, die den Energiefluß blockieren. Die Lesung zeigt in einem solchen Fall zumeist sprunghafte, unregelmäßige Schwingungen, die kein genaueres Ergebnis zulassen.

d) Das Pendel arbeitet nach den Grundsätzen der Elektrizität. Daher ist es sehr wichtig, daß Sie während des Lesens keinen Kurzschluß verursachen. *Vermeiden Sie es, Ihre Hände oder Füße zu kreuzen; denn diese dürfen sich nicht berühren, wenn Sie eine gute Pendellesung erhalten wollen.* Sie müssen die Beine fest auf den Boden stellen. Das Pendel wird immer mit der rechten Hand geführt, auch wenn Sie Linkshänder sind. Legen Sie die Linke locker auf den Rücken oder an die Seite und spreizen Sie Daumen und

Finger etwas auseinander. Die Finger dürfen nicht miteinander in Berührung kommen — auch das könnte einen ›Kurzschluß‹ zur Folge haben.

e) Sie müssen genau wissen, was Sie fragen. Das heißt, Sie müssen sich der von Ihnen für die Frage benützten Worte genau bewußt sein. Wenn Sie Ihre Frage nicht klar formulieren, kann Ihnen das Pendel auch keine klare Antwort geben. Viele Anfänger machen den Fehler, daß sie Fragen stellen wie z.B.: »Wird Harriet mit Sam glücklich?« Oder: »Werde ich im Leben Erfolg haben?«
Das Problem kann auf einen ganz einfachen Nenner gebracht werden: nur die wenigsten von uns wissen genau, was sie eigentlich meinen, wenn sie von ›Erfolg‹ oder ›glücklich sein‹ sprechen. Derartige Begriffe sind viel zu abstrakt. Ihre Fragen müssen genauer formuliert sein. Wenn Sie mit ›Erfolg‹ meinen, eine gewisse Geldsumme zu verdienen, etwa bei einer geschäftlichen Transaktion oder einer beruflichen Beteiligung, dann sollte das auch der genau formulierte Inhalt Ihrer Frage sein. Die Ungenauigkeit der Fragestellung ist ein ernsthaftes Hindernis zum Erreichen genauer Resultate. Sie ist nicht nur ein Problem der Radiästhesie, sondern auch ein Kommunikationsproblem. Wie oft haben Sie sich schon geärgert, weil Sie glaubten, keine klaren Antworten von Freunden oder Verwandten auf Ihre Fragen bekommen zu haben. Aber vielleicht hatten Sie auch in solchen Situationen Ihre Frage zu ungenau formuliert. Bei der Arbeit mit dem Pendel gewinnen Sie Klarheit über das, was Sie eigentlich wollen. Denn hier müssen die Fragen präzise gestellt werden und diese präzise Fragestellung wird auch ins tägliche Leben übergreifen.

f) Haben Sie Ihr Unterbewußtsein auf die Schwingungen programmiert, die ›ja‹ und ›nein‹ bedeuten und sitzt diese Programmierung, so können Sie Ihre Technik auch ein wenig verfeinern. Bedienen Sie sich der gleichen Vorge-

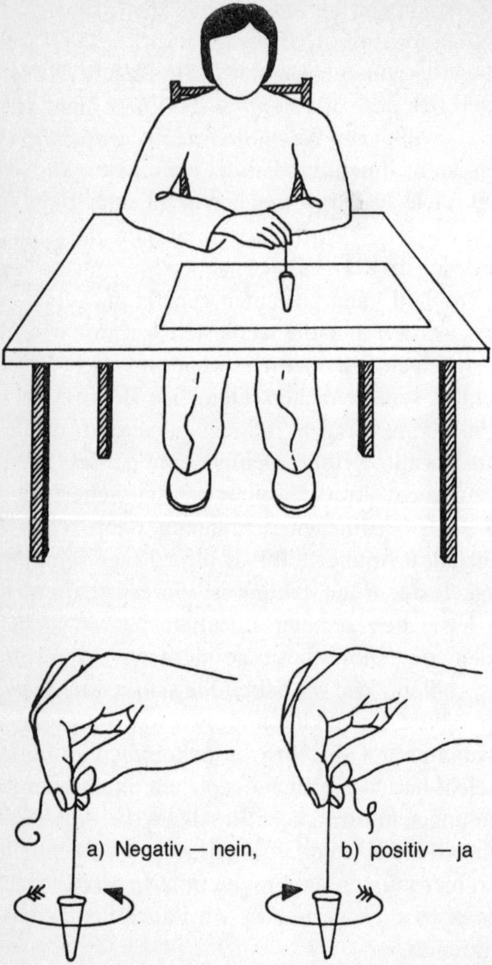

Abb. 4 Positionen für die Pendelbenützung

hensweise wie beschrieben und interpretieren Sie die einzelnen Schwingungen wie folgt: im Uhrzeigersinn POSITIV, entgegen dem Uhrzeigersinn NEGATIV. Oder eine Uhrzeigerschwingung heißt HARMONISCH, die entgegengesetzte DISHARMONISCH. Diese neuen Bezeichnungen werden, sobald Sie ein fortgeschrittener Pendler sind, sehr wichtig sein.

g) Haben Sie Ihre Signale erst einmal festgelegt und die Programmierung vollzogen, braucht diese nie mehr wiederholt zu werden. Ab jetzt lassen Sie nur noch Ihr Pendel für sich arbeiten, ohne ihm Befehle zu erteilen.

h) Wir haben schon erwähnt, daß das Pendel nach elektrischen Prinzipien arbeitet und Strahlungen liest. Wenn Sie also Ihre Lesung machen, sollten Sie darauf achten, nicht zu viele elektrische Geräte um sich zu haben. Besonders Geräte mit hoher Spannung, etwa eingeschaltete Videorecorder oder Farbfernseher, können auf die Lesung abstrahlen. Das Pendel schwingt dann wie irr herum; vor allem bei noch ungeübten Pendlern.

Wir wollen noch einmal die Hauptpunkte der Vorbereitungen zum praktischen Gebrauch des Pendels zusammenfassen, wie in Abbildung 4 gezeigt:

- Setzen Sie sich so hin, daß die Füße fest auf dem Boden stehen und einander nicht berühren. Auch die Hände berühren einander nicht.
- Wählen Sie einen ruhigen Raum mit einem Minimum an elektrischen Geräten.
- Zeichnen Sie auf ein leeres Blatt Papier einen senkrechten und einen waagerechten Pfeil, einen Kreis im Uhrzeigersinn und einen entgegen dem Uhrzeiger.
- Halten Sie das Pendel über ein Symbol nach dem anderen. Schauen Sie das Pendel fest an und lassen Sie die Kraft Ih-

res Geistes darauf wirken, so daß es sich in die Richtung bewegt, die Ihr Symbol zeigt.

- Während das Pendel im Uhrzeigersinn kreist, sagen Sie laut zu Ihrem Unterbewußtsein: »Das heißt ja.« Kreist es entgegengesetzt dem Uhrzeigersinn, sagen Sie zu Ihrem Unterbewußtsein: »Das heißt nein.«
- Wiederholen Sie diese Übung täglich eine Woche lang, um sicherzustellen, daß Ihr Unterbewußtsein diese Weisungen akzeptiert hat.
- Jetzt sind Sie bereit, Fragen zu stellen. Sie betreten nun ein ganz neues Feld der Verständigung mit Ihrem Unterbewußtsein.
- Stellen Sie Ihre Fragen so, daß sie nur mit einem Ja oder Nein beantwortet werden können.

6 Romantische Radiästhesie

Die Party war in vollem Gang. Die leidenschaftlichen Rhythmen von Gladys Knight und den Pips dröhnten aus den Bodenlautsprechern, die in den vier Ecken des Wohnzimmers aufgestellt waren. In der ganzen Wohnung tanzten, tranken, lachten und redeten die Leute durcheinander.

Ich persönlich ziehe die kleine, ruhige Party vor, aber die Gastgeberin, eine alte Freundin, hatte mich ausdrücklich eingeladen. Sie wollte, daß ich mit einigen Leuten spreche, die sich für das Pendeln interessierten. Aber sie war zu sehr mit den anderen Gästen beschäftigt, als daß sie sich um mich hätte kümmern können. Ab und zu erhaschte ich einmal einen Blick von ihr, wenn sie in die Küche lief und ein Tablett mit Appetithappen holte, aber das war auch alles. Ich wurde an die Wand gedrückt und mußte versuchen, meinen Magen und meinen Drink vor den sich drehenden Gästen zu schützen und mich den Ellbogen der Tänzer zu entziehen.

Ich trank mein Glas leer und überlegte mir gerade, wie ich zur Bar und damit zu einem neuen Drink gelangen könnte, als ich B. B., eine alte Freundin, erspähte. Wie üblich war sie auch jetzt von Männern eingekreist. Mich überraschte das nicht. Sie ist groß, schlank, langbeinig, hat ein feingeschnittenes, charaktervolles Gesicht und langes, schwarzes Haar, und sie bezaubert fast alle Männer. Als sie mich sah, kam sie sofort auf mich zu.

»Du mußt mir einen Gefallen tun«, sagte sie.

Wenn B. B. einen mit ihrer etwas heiseren, rauchigen Stimme um einen Gefallen bittet, muß man schon ein Übermensch sein, um nein zu sagen.

»Klar. Um was geht es denn?«

»Ich weiß, daß du diesen Pendelquatsch machst, und du weißt, daß ich nicht daran glaube, aber im Moment habe ich ein Problem. Ich bin dabei, hier abzuhauen, um eine Zigeunerin mit einer Glaskugel zu finden. Mit anderen Worten, ich probiere alles. Auf dieser Party sind drei der großartigsten Männer, die ich in meinem ganzen Leben gesehen habe, und jeder will mich nach Hause bringen. Ich mag alle drei. Nimm dein Pendel heraus und sag mir, mit wem ich gehen soll.«

»Meine liebe B.B., das Pendeln ist kein Hokuspokus und kein Spiel, das ist absolut wissenschaftlich und vernünftig.«

»Gut, meinetwegen. Dann wird dein Pendel mir sicher auch zeigen, von welchem Mann ich mich heimbringen lassen soll.«

»Herrje, du hast Probleme. Die meisten Frauen hier würden ihr rechtes Auge dafür geben, wenn sie solche Probleme hätten.«

Sie lachte: »Mit nur einem Auge gäbe es das Problem vermutlich überhaupt nicht. Tust du mir den Gefallen?«

»Kann ich nicht. Hier sind zu viele Leute und ihre Strahlungen verhindern eine genaue Lesung.«

»Das überlaß nur mir.« Sie führte mich ins Badezimmer. Sogar das war überfüllt, doch B.B. ließ sich dadurch nicht von ihrem Plan abbringen. Sie bat die anderen, sich sofort zu verziehen, weil sie und ich eine Pendellesung hätten.

»Ah, so nennt man das heutzutage«, bemerkte eines der Mädchen, als sie gingen.

Endlich waren wir allein. Ich tat ein paar tiefe Atemzüge, um meinen Geist zu klären und zu beruhigen und pendelte dann. Einer der Männer schied sofort aus, weil die Schwingung zeigte, daß die beiden sich nie vertragen würden. Die anderen beiden Männer zeigten zwar Harmonie, aber über D.G. war der positive Schwung wesentlich ausgeprägter und harmonischer als über H.C. Ich riet ihr also, sich von D.G. heimbringen zu lassen und sie folgte meinem Rat. Jetzt hörte ich, die zwei hätten sich verlobt.

Mit dieser Geschichte will ich Ihnen nicht demonstrieren, wie Sie allein mit einer schönen Frau in ein Badezimmer kommen, sondern eher die elektrische Natur dessen illustrieren, was sie Liebe nennen, und wie das Pendel eingesetzt werden kann, um derartige Spannungsfelder zu lokalisieren. Eine der schönsten und wichtigsten Entdeckungen unserer Zeit ist die, daß die Liebe aus der Domäne der Poeten, Maler, Musiker und Drehbuchschreiber herausgenommen und dafür in den Bereich der Wissenschaft und Forschung gerückt wird. Der Mensch hat nun die Möglichkeit, ›Liebe‹ nicht mehr als eine Art Wunder über sich ergehen zu lassen, sondern sie als ein elektrisches Spannungsverhältnis zu begreifen und zu verstehen. Untersuchungen ergaben, daß alles im Universum von unsichtbaren Schwingungen (Vibrationen) umgeben ist. Jeder Gegenstand und jedes Leben verfügt über ein magnetisches Feld. Somit ist unsere Wirklichkeit nichts anderes, als Strahlung und Schwingung, eingegliedert in die Gesetzmäßigkeit des Kosmos. Hier haben wir die Wurzeln dessen, was Christopher Hills die ›Endgültige Wissenschaft‹ nennt, die Strahlungsphysik. Physik ist die Lehre von den Kräften. Strahlenphysik ist also die Lehre von strahlenden Kräften, mit anderen Worten: all dessen, was ist. Jede Bewegung, die stattfindet, setzt eine Kraft voraus. Ein Spannungsverhältnis zwischen Druck und Gegendruck. Und dieses Spannungsverhältnis sucht naturgemäß nach Entspannung. Das Pendel ist somit ein Hilfsmittel, um unsichtbare Spannungsverhältnisse aufzuzeigen und auszugleichen.

Auch die Bereiche Liebe, Sex und Verträglichkeit sind somit Zweige der Strahlungsphysik. Wir brauchen uns diesen Gebieten nun nicht mehr rein gefühlsmäßig und mit der Ergebniserwartung: ›Treffer oder Niete‹ zu nähern, sondern verfügen mit dem Pendel über ein Werkzeug zum Lesen und

Deuten der unterschiedlichen Spannungsverhältnisse. Somit sind wir nicht mehr blindlings auf unseren Verstand und unser Wunschdenken angewiesen, sondern haben Zugang zur Intuition und — auch wenn das jetzt ein großes Wort ist — zu unserer kosmischen Bestimmung. Und das ist, meine ich, sehr willkommen.

Wer will leugnen, daß eine befriedigende und harmonische Liebesbeziehung für die Gesundheit des Menschen und sein Wohlbefinden unerläßlich ist; wer will abstreiten, daß eine der Hauptquellen menschlichen Elends eine falsch eingegangene Beziehung ist? Wer hat noch niemals unter einer unglücklichen Liebe oder Ehe gelitten? Für uns alle wäre es doch ein gewaltiger Fortschritt, gäbe es eine Methode, das Risiko unglücklicher Verbindungen einzuschränken oder ganz auszuschließen.

Das Pendel bietet uns diese Methode an.

Was ist überhaupt Verträglichkeit? Vom Standpunkt der Strahlungsphysik aus ist es die Harmonie zwischen zweien oder mehreren magnetischen Feldern. Um eine bessere Vorstellung von diesem Bild zu gewinnen, nehmen Sie zwei Magnetstäbe in die Hände. Bringen Sie die beiden positiven Pole zusammen und sehen Sie, was geschieht. Sie stoßen einander ab. Will man sie zusammenhalten, bedarf es einer großen Kraftanstrengung. Es ist so, als hätten die Magnete ein Gefühl und möchten voreinander fliehen. Ihre Felder liegen miteinander im Konflikt. Und nun nehmen Sie die beiden gleichen Magnetstäbe und bringen Sie den positiven des einen an den negativen des anderen. Was geschieht jetzt? Die beiden Magnete ziehen einander an. Es ist äußerst schwierig, sie auseinanderzureißen. Diese Art Anziehung zwischen zwei Kraftfeldern zeigt Verträglichkeit.

Existiert zwischen zwei Menschen eine Verträglichkeit auf körperlicher, geistiger und gefühlsmäßiger Ebene, so sagen wir, diese Menschen ›lieben‹ einander. Ergänzen sich die Kraftfelder zweier Menschen nicht genau, passen die Pole nicht zusammen, so entsteht Ablehnung oder Gegnerschaft. Diese Leute sind ›unverträglich miteinander‹.

Sicher haben Sie auch schon erlebt, daß Sie jemanden kennenlernten und sofort starke Abneigung empfanden. Logische Gründe scheint es dafür nicht zu geben, denn schließlich hat uns die betreffende Person nichts getan, was eine Feindschaft begründen könnte. Der Zustand der Ablehnung existiert jedoch und wir fühlen ihn.

Was ist geschehen?

Die Aura oder das magnetische Feld der anderen Person strahlt feindliche oder gegnerische Energie ab. Unser Körper zeigt uns, daß wir nicht miteinander auskommen werden. H. Tomlinson sagt: »Es gibt keinen empfindlicheren Detektor als den menschlichen Körper.«

Das Pendel ist eine der genauesten Möglichkeiten, um das Zwischenspiel oder die Verträglichkeit von Kraftfeldern zu messen. Der Vorteil dabei ist, daß Sie hierzu nicht einmal die Anwesenheit der anderen Person brauchen. Denken Sie intensiv an den anderen Menschen und stimmen Sie sich so auf ihn ein. Dann nehmen Sie eine Karte oder ein Blatt Papier und schreiben Sie Ihren Namen und den Namen der zu überprüfenden Person auf.

Ihr Name	der Name des Menschen, den Sie prüfen wollen

Geht es darum, die Harmonie zwischen zwei anderen Menschen zu bestimmen, so schreiben Sie deren Namen nebeneinander:

1. Name	2. Name

Neutralisieren Sie nun Ihre eigenen Schwingungen.

Atmen Sie tief durch und entspannen Sie sich. Dann halten Sie das Pendel über die beiden Namen und fragen: »Sind diese beiden Menschen verträglich?« Sind sie es wirklich, dann erhalten Sie einen schönen, klaren Pendelschwung im Uhrzeigersinn, also einen positiven. Sind sie es nicht, beschreibt das Pendel eine negative Bewegung, also entgegen dem Uhrzeigersinn. Der Grad der Harmonie oder Disharmonie kann anhand der Stärke des Schwunges und des Durchmessers der Kreise bestimmt werden. Ein weiteres, schnelles Schwingen bedeutet eine positivere oder negativere Aussage, je nach der Bewegungsrichtung. Manchmal erhalten Sie bei solchen Messungen keine kreisförmigen Bewegungen, sondern unharmonische Spring- oder Schüttelreaktionen des Pendels entgegen dem Uhrzeigersinn. Sehr sensible Menschen spüren eine Art Lähmung oder ein Absterben der Nerven im ganzen Arm. Machen Sie sich dann keine Sorgen. Ihnen fehlt nichts. Sie spüren nur den Konflikt zwischen zwei unglaublich unverträglichen Kraftfeldern. Bekommen Sie ein solches Ergebnis für zwei Menschen, so bedeutet das, daß es schon unheilvoll werden kann, wenn diese Personen auch nur in einem Raum zusammen sind, von einer romantischen und liebevollen Beziehung ganz zu schweigen.

In dem Maße, wie Sie mit dem Pendel vertraut werden, wird auch Ihre Fähigkeit zur Intuition wachsen. Ihr Bewußtsein wird sich den Schwingungen Ihrer Umgebung öffnen und Sie spüren Dinge und nehmen Konflikte wahr, die andere Menschen übersehen.

Das bringt naturgemäß Schwierigkeiten und eine Periode der Anpassung mit sich. Ihr altes Weltbild muß völlig neu bewertet werden, da Sie mit Hilfe des Pendels wesentlich mehr Informationen erhalten als vorher. So könnten Sie sich zum Beispiel hilflos und traurig fühlen, wenn Sie sehen, daß Paare aus moralischen oder anderen Gründen zusammenbleiben, obwohl deren Kraftfelder eine zerstörerische Unverträglichkeit aufweisen. Sie werden zutiefst enttäuscht und erschreckt sein, wenn Leute aus den falschen Gründen zusammenkommen. Viele Paare heiraten wegen der sexuellen Anziehung, wegen des Geldes oder eines bestimmten Status, ohne die Verträglichkeit ihrer Kraftfelder dabei zu berücksichtigen.

Denken Sie aber immer daran, daß jeder für sein eigenes Glück oder Unglück verantwortlich ist und daß Sie mit Ihrem Pendel zwar Strömungen und Strukturen erkennen, daß es aber nicht Ihre Aufgabe ist, über andere Menschen zu bestimmen und deren Leben zu organisieren. Das aurische Feld wird bestimmen, ob eine Verbindung von Dauer ist oder sich wieder auflöst. Das aurische Feld zeigt auch das Glück und die innere Ruhe einer Beziehung. Und das aurische Feld sollte daher unbedingt überprüft werden, bevor sich eine Beziehung vertieft.

Was ist trauriger, als Frauen und Männer zu sehen, die gerade eine enttäuschende Beziehung hinter sich haben? Solche Verbindungen sollte es gar nicht geben, solche Paare dürften nie zusammenkommen. Fühlen sie sich sexuell sehr zueinander hingezogen, so sollten sie lieber nur eine Affäre haben; hier ermüdet die Anziehung im Laufe der Zeit und gleichzeitig verliert auch die Affäre ihren Reiz. Das tut keinem übermäßig weh.

Ich glaube, die größte Gefahr besteht für uns darin, an alten, überholten Denkmustern festzuhalten, die zwar vor Jahrtausenden einer unwissenden Menschheit Halt gegeben haben, die jetzt aber, auf unser dynamisches — und sich in einer ständigen Wandlung befindendes — Weltbild übertragen, eher lähmend und hemmend wirken.

Unser Sein und unsere Sehnsucht nach Glück und Zufriedenheit kann nur dann erfüllt werden, wenn wir lernen, intuitiv das zu spüren und auch zu tun, was für uns gut und richtig ist.

Das einzige akzeptable Kriterium für eine zwischenmenschliche Beziehung ist die Art und Qualität der Anziehung ihrer magnetischen Felder. Schlagen die magnetischen Felder zweier Menschen sozusagen aufeinander ein, so sagt ihnen die Natur, daß sie sich voneinander fernhalten sollen.

Es ist unsinnig, alte Gesetze und überholte Dogmen künstlich am Leben erhalten zu wollen, um den Naturgesetzen zu widersprechen. Solche ›Vergewaltigungen‹ führen immer zu Krankheit und Unheil. Das Pendel kann aber nicht nur die allgemeine Verträglichkeit nachprüfen, sondern auch speziell die sexuelle Verträglichkeit. Wir alle wissen, daß sich zwei Menschen einer reichen und befriedigenden körperlichen Beziehung erfreuen können, sonst aber in keiner Weise übereinstimmen müssen. Auch das Gegenteil kann der Fall sein. Zwei Menschen können sich geistig und gefühlsmäßig wunderbar verstehen, ihre sexuelle Beziehung aber ist müde und unbefriedigend.

Für diejenigen, die an einer Dauerbeziehung nicht unbedingt interessiert sind, kann das Pendel sogar eingesetzt werden, um voraussichtliche Daten zu gewinnen. Verabredungen mit Unbekannten sind mit Hilfe des Pendels kein Glücksspiel mehr. Wollen Sie jemanden treffen, den Sie noch nicht kennen, so lassen Sie sich den Namen geben und prüfen Sie die Verträglichkeit nach, bevor Sie sich auf etwas einlassen. Sie sparen damit Zeit und möglicherweise auch Enttäuschungen und Verletzungen.

Bei der Überprüfung der Verträglichkeit gibt es feine Unterschiede, die aus Präzisionsgründen sehr nützlich sind. Überprüfen Sie nicht nur die allgemeine Übereinstimmung, sondern auch die auf folgenden Gebieten: physisch, emotionell, mental und spirituell. Bekommen Sie eine positive körperliche Lesung, so heißt das, daß die beiden Menschen physisch, also sexuell, gut miteinander zurechtkommen. Ist eine emotionale Übereinstimmung gegeben, so kann sich daraus eine gute Liebesbeziehung entwickeln. Die mentale Verträglichkeit ist, zusammen mit den beiden ersten, ausgezeichnet für ein dauerhaftes Zusammenleben. Eine solche Verbindung wird meistens lange halten, denn beide Menschen wachsen mit- und aneinander im gleichen Schritt. Sollte der Partner in eine andere Richtung wachsen, so ist die Beziehung in Gefahr. Deshalb ist es gerade dann, wenn Sie an eine Ehe denken, gut, auch die spirituelle Übereinstimmung nachzuprüfen. Ist auch die harmonisch, so ist eine langdauernde und gute Beziehung wahrscheinlich. Beide Partner werden für den jeweils anderen sorgen und ihm helfen zu wachsen.

Bei den rein sexuellen Beziehungen gibt es noch einen anderen wichtigen Faktor, der in der Literatur nur sehr selten erwähnt wird. Das ist die ›Seins-Ebene‹ zweier Menschen. Damit ist nicht die spirituelle Harmonie gemeint; denn die entsteht, wenn zwei Menschen die gleichen geistigen Ideale haben und der Wunsch besteht, einem Ideal zu folgen, das größer ist, als man selbst.

Die Seins-Ebene eines Menschen spiegelt seine geistige Entwicklung, den Stand und die Phase dessen, was sein Ziel ist und was er bisher erreicht hat. Meine Erfahrungen haben mir gezeigt, daß eine Dauerbeziehung nicht möglich ist, wenn die Seins-Ebene zweier Menschen voneinander abweicht. Eine perfekte Harmonie entsteht nur dann, wenn auch die Seins-Ebene zweier Menschen gleich oder mindestens sehr ähnlich ist.

Theoretisch müßte es möglich sein, auch diese Ebene mit dem Pendel zu messen. Doch leider gibt es noch kein System, mit dem diese mental unbegreifbare Eigenschaft ermittelt werden könnte. Die Harmonie zwischen den Seins-Ebenen zweier Menschen kann allerdings bestimmt werden, wenn man das Pendel befragt, ob die Ebenen in der gleichen Oktave liegen.

Isidore Friedman unternimmt auf diesem Gebiet eingehende Forschungen, und wenn er seine Entdeckungen veröffentlicht, so werden die Ergebnisse außerordentlich aufschlußreich sein.

7 Wahre Geschichten über die Kraft des Pendels

Aus persönlicher Erfahrung und während unserer Forschungen haben wir etliche Protokolle zusammengetragen, die vom Gebrauch des Pendels in ungewöhnlichen oder bemerkenswerten Situationen erzählen. Einige dieser Berichte mögen wie Anglerlatein anmuten; aber sie sind alle dokumentiert und können nachgeprüft werden. Der Gebrauch des Pendels kennt viele Einsatzmöglichkeiten und einige davon sind tatsächlich außerordentlich.

Narrengold

Zu Beginn des zwanzigsten Jahrhunderts lebte in dem Schweizer Dorf Sedeilles Abbé Mermet. Man hatte ihn gebeten, in dieser Gemeinde Trinkwasser aufzuspüren. Nach Stunden des Suchens erklärte er dem Gemeindevorsitzenden, es sei wesentlich leichter, Gold zu finden als Wasser.

Der Gemeinderat war über diese Feststellung des Abbé mehr als erstaunt und verlangte mit gebührendem Respekt, er möge ihnen doch bitte das Gold zeigen. Nicht weit von der Stelle entfernt, an der der Abbé mit dem Bürgermeister stand, arbeiteten etliche Bauern in der heißen Spätsommersonne auf dem Feld, um die Ernte einzubringen. Mermet meinte, das Gold befände sich an einem der Erntearbeiter. So wurden alle Männer mit dem Pendel überprüft und es ergab sich, daß an einem der Arbeiter Gold sein müsse. Dieser meinte spöttisch: »Na ich weiß nicht, bei den Kleidern, die ich anhabe ... so etwas würde ich nicht tragen und ich wäre auch nicht hier, wenn ich Gold besäße.«

Inzwischen hatte sich die Sensation herumgesprochen und etliche Zuschauer angelockt, die nach einiger Zeit alle sehen wollten, ob an diesem Mann nun tatsächlich Gold sei oder nicht. Der Feldarbeiter zog sich bis zu den Hüften aus. Obwohl er jetzt nur noch seine Hosen trug, behauptete Mermet immer noch, an diesem Mann sei Gold — aber der leugnete es weiterhin ab. Endlich wollte er wieder an seine Arbeit zurück und weil ihm die Behauptung des Mönches peinlich war, sagte er: »Nun, wenn Sie schon wissen, wo ich das Gold habe, so nehmen Sie es sich doch.«

Sofort legte der Abbé seine Hand auf die Gürtelschnalle des Mannes. »Na, und was ist mit dem da? Ist das etwa kein Gold?«

Wie ein Blitz zuckte es durch das Gedächtnis des Erntearbeiters und er erinnerte sich an etwas völlig Vergessenes: Als er im August 1914 zur Armee eingezogen wurde, nähte ihm seine Mutter eine Goldmünze in den Gürtel seiner Hosen für den Fall, daß er einmal dringend Geld brauche. Er hatte aber das Glück, nie in eine solche Notlage zu kommen und immer genug Geld zu haben. Als er nach Kriegsende zurückkam, hatte er die Goldmünze völlig vergessen.

Ein vermißtes Kind

Im Frühling des Jahres 1934 wurde in der *Tribune de Genève* ein Artikel mit der Überschrift: *Verschwinden eines Kindes durch Teleradiästhesie geklärt* veröffentlicht. Demnach war im Spätherbst 1933 in Valais, Schweiz, ein sechsjähriger Junge verschwunden, ohne daß der geringste Hinweis über sein Bleiben gefunden werden konnte. Fast jeder der Bewohner des kleinen Dorfes half bei der Suche sowohl im Dorf selbst, als auch in der ländlichen Umgebung. Aber das Kind war wie vom Erdboden verschluckt und alle Nachforschungen und Recherchen blieben ergebnislos.

Der Bürgermeister schrieb an Abbé Mermet und bat um seine Hilfe. Der Abbé studierte den Fall und bediente sich seines Pendels, dann schrieb er dem Bürgermeister eine unglaubliche Erklärung für das geheimnisvolle Verschwinden des Jungen. Er gab an, der Kleine sei von einem Adler in die Berge verschleppt worden. Er wies besonders auf die große Flügelspannweite des Vogels hin und erwähnte zwei Plätze, an denen der Adler das Kind angeblich abgelegt hatte, um wieder zu Kräften zu kommen.

Der Vater des Jungen, M. Baloz, untersuchte mit einigen Freunden den ersten Platz, fand jedoch nichts, was darauf schließen ließ, daß sein Sohn dort gewesen sein könnte. Die zweite Stelle konnte zu jener Zeit wegen eines schweren Schneesturms in den Bergen nicht überprüft werden. Alle meinten voreilig, der Abbé müsse sich geirrt haben.

Zwei Wochen später schmolz der Schnee. Genau an der von Mermet genannten Stelle fanden etliche Holzfäller die schlimm zugerichtete und verstümmelte Leiche des Kindes. Man vermutete, daß der heißhungrige Adler den Jungen nicht mehr ganz hatte auffressen können, bevor die schweren Schneefälle einsetzten.

Augenzeugenberichten zufolge, waren die Kleider und die Schuhe des Kindes sauber. Der starke Adler mußte den Jungen offensichtlich hoch in die Berge getragen haben. Der Vater des Jungen schrieb Mermet am 18. März 1934: »Nun, da die Leiche meines armen Jungen gefunden wurde, ist es unsere Pflicht, Ihnen für Ihre freundliche Hilfe und dafür, daß sie uns eine so genaue Information gaben, zu danken.

Alles wurde bestätigt. Es ist nun sicher, daß mein Sohn wie Sie in Ihrem ersten Brief schrieben, von einem Adler davongetragen wurde, der auf seinem Flug nicht anhielt, bis er hoch in den Bergen die zwei von Ihnen angegebenen Plätze erreichte, und an einem davon wurde der Junge schließlich gefunden. Wir haben auch festgestellt, daß die Kleider des Jungen so sauber waren wie am Morgen seines Verschwindens. Sie waren die einzige Person, die wirklich wußte und verstand, was geschehen war. Bitte, verzeihen Sie uns, daß wir zunächst an Ihren Angaben zweifelten. Einige Augenzeugen in den Bergen erklärten, sie hätten am selben Tag einen riesigen Adler gesehen, der nach Norden flog. Noch mal besten Dank. L. Baloz.«

Wünschelrute und Pendel im Krieg

Während des Vietnam-Krieges bat der damalige Verteidigungsminister Robert McNamara um Vorschläge, wie schwierige Probleme, zum Beispiel das Auffinden von unterirdischen Tunnels, von Landminen und Munitionsdepots zu lösen seien.

Kurz nachdem das Marine Corps der Vereinigten Staaten begann, sich mit Wünschelrute und Pendel zu befassen, bediente sich Major Manley mit einigen seiner Offizierskameraden der Techniken der Radiästhesie. Sie wählten ein südostasiatisches Dorf an der Quantico Marine Base und gingen das ganze Gebiet sorgfältig mit ihren Geräten ab. Es war erstaunlich, mit welcher Genauigkeit sie Tunnels, falsche Brunnen, unterirdisch verlegte Kabel und Gruben fanden.

Louis J. Matacia, ein geübter Wünschelrutengänger, betrieb die ursprünglich von den Marines durchgeführten Untersuchungen privat weiter und hielt sie mit zahllosen Briefen an die höchsten Militärs am Leben. Unter anderem schrieb Matacia auch an General Westmoreland, der sich mit seinen Forschungen auseinandersetzte und ihm Berichte aus dem Generalstab zukommen ließ, aus denen ersichtlich war, daß die Marines alle möglichen Orte und Dinge, einschließlich Tunnels, Höhlen, Verstecke mit Lebensmitteln und Munition sowie geheime Botschaften, die in Bambusstöcken hinterlegt worden waren, mit Hilfe des Pendels lokalisierten.

Im Oktober 1967 fand das Kampf-Pendeln und Rutengehen endlich die Würdigung, die es brauchte und verdiente. Hanson Baldwin, ein Militärberichterstatter der *New York Times,* schrieb einen Artikel *Wünschelrutengänger entdecken Feindtunnels.* Hunderte von großen und kleinen Zeitungen brachten den Artikel in etwas geraffter Form. Magazine druckten ihn ab, im Fernsehen wurde er gesendet, Radioreporter verbreiteten ihn von einer Küste zur anderen. Wünschelrute und Pendel wurden damit öffentlich als handliche Werkzeuge der Verteidigung gegen den Feind anerkannt.

Schwarzes Gold

Man schrieb das Jahr 1943. Der Zweite Weltkrieg. Der Bedarf an Öl war riesig. Ein bekannter Ölsucher namens Ace Gutowski, den die Fox Brewing Company, Chicago, finanzierte, begann im zentralen Oklahoma nach Öl zu suchen.

Ace nahm Verbindung mit dem Farmer J. W. Young auf, der in der Nähe von West Edmond Field in Zentral-Oklahoma lebte.

J. W. Youngs Suchgerät oder Doodlebug, wie er es nannte, war eine sehr ungewöhnliche Pendelart. Young benützte eine kleine Flasche, die mit Ziegenhaut überzogen und mit einer geheimnisvollen Substanz gefüllt war; die Zusammensetzung dieser Substanz weigerte er sich zu verraten. Die Flasche hing an einer Uhrkette und schwang — ein wenig von seinem Körper weggehalten — über Salzwasser von Ost nach West und über Öl von Nord nach Süd.

Ein Geophysiker beobachtete 1944 in einem Restaurant in Edmond eine Demonstration von Youngs Doodlebug. Dabei wurde das Flaschenpendel über ein Sandmuster gehalten. Der Wissenschaftler behauptete, das Gerät habe gut gearbeitet, aber die Ergebnisse hätten ihn vor allem deshalb in Staunen versetzt, da Young an einer Lähmung litt und das Zittern seiner ausgestreckten Hand deutlich festzustellen war.

Trotz dieser Beeinträchtigung fand Young für Gutowski jene Stellen, an denen zu bohren war. Dank seiner Hilfe konnte der größte Ölvorrat, der seit zwanzig Jahren in Oklahoma gefunden worden war, entdeckt werden. Besonders bemerkenswert an diesem Fund ist, daß der Ölvorrat mit konventionellen geologischen oder geophysikalischen Methoden niemals hätte entdeckt werden können.

Pendeln nach U-Booten

Zu Beginn des Jahres 1959 nahm Verne Cameron, ein beruflicher Rutengänger aus Kalifornien, Verbindung zur Navy der Vereinigten Staaten auf und erklärte, er sei mit Hilfe einer Karte und eines Pendels in der Lage, die gesamte U-Boot-Flotte zu lokalisieren. Am 18. März 1959 schrieb Vizeadmiral Maurice E. Curtis an Mr. Cameron folgenden Brief:

»Man sagt mir, Sie seien in der Lage, den derzeitigen Standort aller U-Boote in allen Gewässern der Welt – und ihre Nationalitäten – mit Hilfe einer Technik nachzuweisen, die Sie ›Kartenpendeln‹ nennen. Es wurde vorgeschlagen, Ihnen eine Gelegenheit zu geben, in einem Marinestützpunkt in Ihrer Nähe diese Fähigkeit zu beweisen. Bitte, seien Sie versichert, daß ich eine solche Demonstration an einem Ort Ihrer Wahl an der Westküste sehr begrüße.

Wenn Sie sich mit mir über Ihren Zeitplan etwa für den nächsten Monat und den Platz Ihrer Wahl, an dem Sie Ihre Fähigkeit vorführen werden, verständigen wollen, freue ich mich sehr, einen Test zu arrangieren ...«

Kurz nach dem Empfang dieses Briefes traf sich Cameron mit dem Vizeadmiral in Südkalifornien und führte sein Kartenpendeln für die hohen Marineoffiziere vor. Innerhalb weniger Minuten lokalisierte Cameron zum größten Erstaunen aller Anwesenden jedes einzelne U-Boot. Genau dasselbe tat er auch mit allen russischen U-Booten rund um die Erde.

Trotz seines Erfolges hörte Cameron von der Marine oder der Regierung der Vereinigten Staaten erst Jahre später und unter ganz anderen Verhältnissen.

Cameron war zu jener Zeit von der Regierung Südafrikas eingeladen worden, mit seinem Pendel in ihrem Land verschiedene natürliche Hilfsquellen zu entdecken. Als er einen Paß beantragte, wurde der Antrag zu seiner großen Überraschung abgelehnt. Er forschte nach den Gründen dieser Ablehnung und erfuhr, daß die Navy wegen seiner Fähigkeit, mit dem Pendel die U-Boote zu lokalisieren, mit dem C.I.A. Verbindung aufgenommen hatte. Der Geheimdienst bezeichnete ihn daraufhin als Sicherheitsrisiko und gestattete ihm die Auslandsreise nicht, da man fürchtete, Cameron könne äußerst geheime militärische Informationen weitergeben.

8 Das Pendel
Ihre Arbeit – Ihre Karriere

Wahl der Karriere

Als Bob D. begann, sich mit dem Pendel über seinen Berufsweg auseinanderzusetzen, war er schon seit zehn Jahren ein erfolgreicher Zahnarzt. Er fühlte sich jedoch unglücklich und, was noch schlimmer war, er wußte nicht, warum. Jeder sagte ihm, er sei verrückt, wenn er sich elend fühle; schließlich habe er alles, was sich jeder Amerikaner wünscht — Geld, Stellung, Respekt, ein schönes Heim, eine hübsche Frau und zwei Wagen in der Garage.

Bob glaubte allmählich selbst daran, ein wenig verrückt zu sein. Er ging zu einem Psychiater, hatte einige außereheliche Affären, rauchte Haschisch und begann zu trinken. Nichts half.

Bisher hatte Bob das Pendel dazu benützt, schlechte Zähne bei seinen Patienten zu lokalisieren, und da kam ihm plötzlich der Gedanke, er könne es ja auch dazu benützen, die Quelle seines Problems aufzuspüren. Er bediente sich eines Eliminationsprozesses und entdeckte schließlich, daß er die falsche Karriere gewählt hatte. So stellte er sich als erstes die Frage: »Sollte ich als praktischer Zahnarzt arbeiten?« Das Pendel machte heftige negativ kreisende Bewegungen. eine Woche lang wiederholte er dieses Experiment täglich in unterschiedlichen Umgebungen und bei wechselnden Stimmungen. Die Lesung war grundsätzlich immer negativ.

Dann stellte er eine Liste verschiedener Berufe und Tätigkeiten auf und überprüfte sie dahingehend, was ihm am meisten entspräche. In einem neuen Eliminationsprozeß entdeckte er zu seiner großen Überraschung, daß das Singen sein wahrer Beruf — und zwar hier im Sinne von ›Berufung‹ gesehen — sei. Als er über dieses seltsame Ergebnis nachgrübelte, erinnerte er sich auch daran, warum er eigentlich Zahnarzt geworden war. Seine Eltern hatten das für ihn entschieden. Und dann fiel ihm weiter ein, daß er als Kind immer davon geträumt hatte, auf einer Bühne zu singen; doch diesen Wunsch hatte er stets unterdrückt. Jetzt hatte er fast Angst, diese Fantasien und Träume seiner Kindheit als innere Stimme zu akzeptieren.

Unter dem Einfluß dieser Pendellesung nahm Bob Gesangsunterricht. Auch sein Gesangslehrer war durch das Pendel ausgewählt worden. In den folgenden Monaten nahm er erfolgreich an Amateuraufführungen in seiner Stadt teil und hofft nun, irgendwann nur noch für die Musik tätig sein zu können. Während des Aufbaus seiner Sängerkarriere arbeitet er weiter als Zahnarzt. Aber er ist viel glücklicher.

Es scheint, daß alles in der Natur, der Mensch eingeschlossen, eine Funktion und einen Zweck in einer Beziehung zum ganzen Universum hat. Als winziger Teil oder als Zelle dieser ungeheuren Vielfalt haben wir, die Menschen, unseren Platz und unsere Bestimmung zu finden. Unsere Lebensaufgabe, unser Schicksal, wird von unseren individuellen inneren und äußeren Strukturen, von unseren psychologischen und physiologischen Wesenszügen, von angeborenen Fähigkeiten und von Fähigkeiten, die wir uns durch Schulung erworben haben, bestimmt. All diese Fähigkeiten spiegeln sich in unseren Magnetfeldern. Unter normalen Umständen müßte es daher leicht sein, unseren wahren Beruf zu finden. Wir würden ihm auf natürliche Art ›entgegenfallen‹. Das, was uns bestimmt ist, würde uns so anziehen, wie ein Magnet ein Eisen anzieht.

Das traf in alten Zeiten auch wirklich zu; denn damals lebten die Menschen naturverbundener und waren mit ihren eigenen Gefühlen und intuitivem Empfinden vertrauter. So würde zum Beispiel ein Mitglied einer Gruppe fühlen, daß es schreiben oder malen muß; ein Kind könnte sich zum Medizinmann des Stammes hingezogen fühlen und ständig in seiner Nähe sein wollen, ein anderes Kind könnte an den Kriegern Gefallen finden und ihnen folgen, und so weiter. Auf diese Art fände jeder von selbst zu seiner Berufung.

Heute ist das ganz anders. Es gibt eine der Natur zuwiderlaufende kulturelle Ordnung, die unsere natürlichen Instinkte und Neigungen verkümmern läßt. Es wird als Tragödie betrachtet, wenn ein Junge der Mittelklasse den Wunsch äußert, Automechaniker zu werden, obwohl er die Arbeit liebt und ein besonderes Talent für sie hat. Wir beten den Erfolg und den sozialen Status an und glauben, Geld und Zufriedenheit seien das gleiche.

Die intellektuellen Fähigkeiten des Menschen schufen zwar wunderbare wissenschaftliche und technologische Erfolge, aber unser Verstand trennt uns gleichzeitig von unserem intuitiven Wissen und der Fähigkeit, sich den Strömungen und Schwingungen des Universums anzupassen.

Doch die Ära des realistischen und planenden Menschen befindet sich im Umbruch, Logik, Erfolg und Machtstreben werden von der Suche nach dem Lebenssinn und nach Zufriedenheit abgelöst.

Um die Natur zu meistern, um mit ihr zu verschmelzen, sind andere Dinge als Logik und Pragmatismus wichtig. Unsere Logik muß auf empirische Messungen der Energien, Kräfte, Formen und Funktionen eines nichtstatischen Universums aufgebaut sein.

Wie sollen wir unsere Aufgabe wählen? Sollen wir uns nur deshalb auf einen Beruf stürzen, weil wir damit viel Geld verdienen können? Oder lassen wir uns einfach in etwas hineintreiben, weil es gerade so bequem auf unserem Weg liegt?

Wäre es nicht besser, der tief in uns verborgenen Sehnsucht zu lauschen, um so die Berufung zu finden, die uns zufrieden und glücklich macht und die uns erfüllt?

Die Menschen, die mit sich selbst im Einklang leben, brauchen kein Pendel, um ihre Berufung zu finden. Sie wissen auch so, wie sie aussieht. Aber für alle anderen, bei denen Trubel und Verwirrung von außen her den inneren Drang erstickt haben — und das sind leider die meisten von uns —, ist das Pendel eine ausgezeichnete Methode zur Wahl des richtigen Berufes; nur müssen wir natürlich vorher gelernt haben, es auch richtig einzusetzen.

Wenn Sie mit Hilfe des Pendels Ihren Beruf und Ihre Karriere suchen wollen, so sollten Sie zunächst einmal alle Möglichkeiten niederschreiben, die Sie je in Betracht gezogen haben. Nehmen Sie in diese Liste auch all Ihre Kindheitsfantasien und -träume, Vorschläge von anderen Menschen und jene Dinge, für die Sie eine gewisse Begabung und Vorliebe haben, auf; allerdings auch jene Berufe, die sie deshalb ansprechen, weil sie Geld, Prestige oder auch beides bringen.

Werden Sie ruhig und neutral. Atmen Sie langsam, tief und gleichmäßig. Entspannen Sie sich. Leeren Sie Ihren Geist von allen äußeren Einflüssen, von allen Meinungen und Gefühlen. Achten Sie darauf, diesen Test nicht dann zu machen, wenn Sie sich müde und erschöpft fühlen. Am besten eignet sich der Vormittag oder eine Zeit, in der Sie nicht unter Termindruck stehen.

Dann gehen Sie die Liste Punkt für Punkt durch und fragen das Pendel: »Ist diese Karriere eine kluge Wahl für mich?« Viele, vermutlich die meisten Punkte, werden sofort ausgeschieden. Am Ende Ihrer ersten Sitzung kann das Pendel zu einigen Möglichkeiten ›ja‹ gesagt haben. Diese überprüfen Sie bei der nächsten Sitzung, die zeitlich nicht unmittelbar auf die erste folgen sollte. Das Pendel wird dann ein paar weitere ausscheiden. Bei der nächsten Sitzung überprüfen Sie die verbliebenen Möglichkeiten. Zum Schluß bleiben vielleicht zwei Punkte übrig. Auf die sollten Sie sich konzentrieren. Es sind die Berufe, in denen Sie voraussichtlich Erfolg haben werden, da Sie für diesen Aufgabenbereich die meisten Fähigkeiten mitbringen.

Das, was ein Mensch tut, ist auch ein Teil dessen, was er ist. Wer gegen seine Bestimmung lebt, wird immer mit Spannungen zu kämpfen haben. Ob jemand für eine bestimmte Berufssparte geeignet ist, hängt von der Struktur seines aurischen Magnetfeldes ab, und genau das kann mit Hilfe des Pendels gemessen werden.

Den richtigen Job wählen

Einen Job suchen — das ist eine schwierige Aufgabe. Nicht nur, weil es zur Zeit grundsätzlich schwer ist, überhaupt eine Arbeit zu finden, sondern auch, weil jeder Mensch im Grunde seines Herzens nach der Aufgabe sucht, an der er sich bewähren und wachsen kann und die zu ihm paßt. Insofern geht es in diesem Kapitel nicht darum, irgendeine Arbeit zu finden, sondern *die* Aufgabe bestimmen zu können, die einen ausfüllt und einem gerecht wird.

Faktoren wie spezifische Neigungen und Fähigkeiten, der Wunsch nach einer angenehmen Atmosphäre, einer gesunden Umgebung sind ebenso wichtig, wie die Höhe des Gehaltes. Da jeder Mensch individuell und einmalig ist, wird auch jeder bei der Suche nach einer Beschäftigung verschiedene Schwerpunkte setzen.

Die einen suchen einen Job, der ihnen viel Freizeit gewährt; andere sind hauptsächlich an der Bezahlung interessiert; wieder andere brauchen die richtige Atmosphäre. Das ist alles verständlich: aber das Problem bleibt immer: wie findet man die Stellung, die den persönlichen Bedürfnissen entspricht und uns näher an das Ziel der Selbstverwirklichung und damit der Zufriedenheit bringt?

Die meisten Menschen bewerten den Stellenmarkt nach zwei Grundsätzen: Erfolg — Mißerfolg = Glück — Unglück.

Bedauerlicherweise gibt es mehr Angestellte, die in die zweite Kategorie eingeordnet werden könnten, als in die erste. Sie werden unzufrieden, gehen mißmutig an ihre Arbeit, lehnen den Chef und die Kollegen ab und halten die Kreativität und die Produktivität eines Unternehmens mehr auf, als daß sie sie fördern würden. Das Pendel kann Ihnen bei der Suche nach Arbeit wesentliche Tips geben und Ihnen zeigen, wo und wie Sie sich am wohlsten fühlen werden.

Wenn Sie schon die Wahl zwischen verschiedenen konkreten Angeboten haben, so schreiben Sie die Namen der Firmen auf ein Blatt Papier und halten das Pendel über jeden Namen. Fragen Sie: »Ist das im Moment der richtige Platz für mich?« Diese Frage stellen Sie bei jeder Firmenbezeichnung. Bekommen Sie überall eine positive oder negative Antwort, so fragen Sie: »Ist dieser Job für mich besser als die anderen?« Ein Name wird bestimmt die schönste Schwingung erbringen, und das ist der Job, den Sie wählen sollten. Erhalten Sie trotz dieser zweiten Frage aber immer noch bei allen Namen negative Antworten, so hat das vermutlich zu bedeuten, daß mit diesen Jobs Faktoren verbunden sind, die sich negativ auf Ihre berufliche Zukunft auswirken könnten. Halten Sie dann nach anderen Möglichkeiten Ausschau.

Wenn Sie sich einmal eine gewisse Geschicklichkeit bei der Arbeit mit dem Pendel erworben haben — im allgemeinen braucht man dazu etwa ein Jahr — so werden Sie begreifen lernen, warum das Pendel nicht auf der Grundlage des logischen Denkens arbeitet. Ein Job könnte vom logischen Standpunkt aus gesehen, ideal sein, er könnte zum Beispiel Geld und Prestige mit sich bringen; trotzdem bestünde die Gefahr verborgener negativer Faktoren, die diese Vorteile völlig neutralisieren würden. Vielleicht ist die Arbeit zermürbend und aufreibend oder übermäßig anstrengend; der Chef könnte nicht hinter ihnen stehen; die Firma eilt möglicherweise mit Riesenschritten dem Bankrott entgegen; oder infolge einer Fusion wird Ihre Abteilung geschlossen. Und so gibt es noch viele andere, nicht vorhersehbare und berechenbare Faktoren.

Solche Dinge passieren oft genug. Was wir von einer Position sehen, sind ja nur ein paar Äußerlichkeiten, doch das, was innen vorgeht, bleibt uns vorerst noch verborgen. Unsere körperlichen Sinne erkennen nur die Spitze eines Eisberges, des dynamischen Energieprozesses, den wir Wirklichkeit nennen. Das Pendel erhöht und erweitert unsere Wahrnehmung bis tief in den Eisberg hinein und gibt uns mehr Daten, als wir auf der Realitätsebene erfassen und mit deren Hilfe wir eine Entscheidung fällen können.

Entscheidungen als Verantwortlicher

Jeder Mensch hat täglich mehrere Entscheidungen zu treffen. Und gerade Entscheidungen, die etwa ein mit Arbeit überlasteter Abteilungsleiter zu treffen hat, erfordern menschliche Energie, Geschicklichkeit, Zusammenarbeit — und Geld. Eine einzige falsche Entscheidung eines Geschäftsführers kann eine Firma völlig ruinieren; eine gute kann dagegen ein Vermögen einbringen. Es ist daher nicht erstaunlich, daß es für viele Verantwortliche zu einem quälenden Konflikt werden kann, wenn sie Entscheidungen zu treffen haben.

Der Gebrauch des Pendels wird diese Konflikte ausschalten können. Der Verantwortliche geht, wie üblich, seiner Arbeit nach, trägt Daten zusammen, wägt Pro und Kontra im Einzelfall gegeneinander ab, und hat er dann noch Zweifel bezüglich der besten Wahl, so kann er das Pendel befragen. Es ist belanglos, wie kompliziert Entscheidung oder Problem sind. Wichtig ist nur, die Frage so genau zu formulieren, daß sie mit ›Ja‹, ›Nein‹ oder ›keine Antwort‹ entschieden werden kann. (Siehe auch Kapitel 5, Anweisungen.)

Einstellung von Arbeitskräften

Einer unserer Freunde hat eine Tankstellenkette. Sein Geschäft ist der Endverkauf von Benzin, daher ist seine Gewinnspanne sehr niedrig. Ungefähr ein Jahr lang schlug er sich mit einem ernsten Problem herum. Seine Angestellten stahlen aus der Ladenkasse. In jeder Tankstelle gab es bei der Abendabrechnung immer ein Manko. Es handelte sich zwar nur um kleinere Summen, konnte aber von den Angestellten nicht erklärt werden; zudem war es schwierig, einwandfrei festzustellen, welche Person was tat.

Wir schlugen diesem Freund alle möglichen Problemlösungen vor; aber keine ließ sich bei ihm verwirklichen. Computer waren viel zu kostspielig, und die Ursache der Diebstähle konnte damit auch nicht ausgeschaltet werden; es wäre nur einfacher gewesen, die Quelle des Mankos zu finden, doch auch das lehnte er ab.

Er besprach dieses Problem mit Isidore Friedman, einem Meisterpendler. Isidore erklärte ihm, sein Problem läge darin, daß er die falschen Leute einstelle. Um Diebstähle zu vermeiden, müßte er dafür sorgen, daß seine Angestellten durch und durch ehrlich und verantwortungsbewußt seien.

»Aber wie kann ich das machen?« fragte der Geschäftsmann. Isidore zeigte ihm das Pendel und überprüfte damit jeden Angestellten. Nach und nach erzählte er unserem Freund, welche der Personen möglicherweise die Diebe sein könnten, und es war tatsächlich so, daß die Angestellten, deren Namen er nannte, an den Tankstellen beschäftigt waren, die ständig ein Manko aufwiesen. Unser Freund beauftragte nun Isidore als Berater, kündigte den problematischen Leuten und überprüfte alle neuen Anwärter mit dem Pendel. Innerhalb weniger Monate war das Diebstahlsproblem gelöst.

Ralph Waldo Emerson pflegte zu sagen: »Was donnerst du so? Ich kann nicht hören, was du sagst.« Damit meinte er, daß es im Universum der Energie-Prozesse keine Geheimnisse gäbe. Jeder Gedanke, jede Stimmung, jedes Gefühl, jede Eigenschaft und jede Fähigkeit, jedes ehrliche oder unehrliche Motiv hat eine Vibration von einer ganz besonderen Frequenz. Für jene, die Vibrationen fühlen und verstehen, wie etwa Emerson und andere übersensible Menschen, sind diese Eigenschaften klar wie ein Tag. In der Aura eines Menschen vibrieren die guten und die schlechten Eigenschaften. Sie können weder von der Sprache noch von akademischen Graden, eleganten Kleidern oder vom Charme überdeckt werden. In der nicht faßbaren Welt der Aura und der Ausstrahlung sind wir alle nackt. Je mehr die Menschen es lernen, unsichtbare Energien zu registrieren, ob sie sich nun des Pendels oder anderer Mittel bedienen, desto wirksamer können sie Diebstählen, Verbrechen, Unglücken und auch der Unzufriedenheit und der Verzweiflung vorbeugen.

Das Pendel ist auch ein vorzügliches Mittel, um den besseren von zwei Bewerbern für einen bestimmten Aufgabenbereich auszuwählen. Jeder Personalchef muß sich bei seiner Arbeit bestimmter Tricks bedienen. Sehr oft hat er zwei oder mehrere Bewerber mit den gleichen Qualifikationen und gleichen Erfahrungen zur Auswahl. Was tun? Mit dem Pendel kann er seine Entscheidung innerhalb weniger Sekunden treffen.

Würde man das Pendel in der Personalverwaltung einsetzen, so könnten der Industrie jährlich Millionen gespart werden. Das trifft besonders für Arbeitsplätze zu, die eines teuren Ausbildungsprogrammes bedürfen. Viele Verkäufertätigkeiten fallen in diese Kategorie. Die Firma muß Zeit und Geld für die Schulungen investieren, und deshalb sollte sie auch sicher sein, daß der Angestellte nicht nur fähig ist, die Ausbildung zu bestehen, sondern auch nach Abschluß der Lehre oder des Seminars ein wertvolles Mitglied des Unternehmens sein wird.

Der Personalchef braucht nur das Pendel über den Namen des Bewerbers halten und dazu die Frage stellen: »Ist es für uns klug, diese Person zu schulen?« Oder: »Ist es klug, in diese Person zu investieren?«

Auf diesem Gebiet gibt es noch viele Anwendungsmöglichkeiten für das Pendel, und jeder Personalchef, der sich einige Erfahrung im Pendeln erwirbt, wird auch zweifellos noch weitere Möglichkeiten und Techniken entdecken.

9 Das Pendel öffnet die Tür zum Unendlichen

In der ganzen Menschheitsgeschichte, ob aufgezeichnet oder nicht, wird immer wieder das tiefe Bedürfnis des Einzelnen klar, seine inneren Visionen in die äußere Realität der Natur und des sozialen Umfeldes einzubauen. Dieser Drang nach Selbstfindung und Selbstbestimmung ging oft über den Selbsterhaltungstrieb hinaus.

Die Formel für diese Rastlosigkeit und für die Suche nach dem Ich könnte auf folgenden Nenner gebracht werden: wie kann ich das, was ich in mir habe, nach außen bringen? Wie kann ich zu dem werden, was größer und besser ist als ich.

Ich glaube, es ging immer darum, eine Schicksalsbestimmung zu erfüllen und zu seinem ›Eigentlichen‹ zu kommen. Und im historischen Kampf der Menschheit hat sich diese Sehnsucht oft seltsame und oft auch falsche Wege gesucht, um gestillt zu werden.

Manche Menschen verliehen diesem Drang Ausdruck, indem sie entweder persönlich oder als starke Staatsoberhäupter, die ihre Heere in den Krieg schickten, Länder und Provinzen eroberten. Andere sammelten große Reichtümer an, wurden berühmt oder versagten sich kein Vergnügen. Einige fanden zeitweise Befriedigung bei der Erreichung dieser vermeintlichen Ziele, aber danach blieb doch immer noch dieses Bedürfnis zu wachsen, etwas zu sein, noch mehr zu erreichen, und wenn dieses Bedürfnis nicht gestillt werden konnte, äußerte es sich in Unzufriedenheit und Frustration.

Jedes Bedürfnis, jeder vernünftige Wunsch schafft einen magnetischen Wirbel, der die Stillung des Bedürfnisses anzieht. So war es auch mit der Menschheit. Durch alle Zeiten entwickelten die begabteren und fortschrittlicheren Mitglieder der Rasse durch das, was Korzybski* die Zeitbindungs-Fähigkeit des Menschen nennt, eine Wissenschaft des Wachsens. Sie versuchten, diese Sehnsucht nach dem Sein und der Selbstverwirklichung philosophisch und methodisch zu erklären und zu stillen. In den verschiedenen Kulturen hatte diese Wissenschaft auch verschiedene Namen, und jede Kultur umgab sie mit einem anderen Mantel geheimnisvoller Riten, deren Bedeutung nur der Wissende kannte.

Hier haben wir den Ursprung aller Geheimwissenschaften; man nannte sie auch *alterslose Weisheit.* Und diese Lehre formte den Kern oder die esoterische Seite aller menschlichen Religionen.

Isidore Friedman sagt, der innere Sinn aller Religionen und ihre wahre Bedeutung für die Menschheit sei der, die Struktur und den Sinn des Lebens darzustellen. Ursprünglich war jede Religion eine Wissenschaft vom Leben, die so dargeboten wurde, daß die Menschen einer gewissen Zeit und einer bestimmten sozialen Ordnung sie verstehen und befolgen konnten.

Als die Religionen älter wurden, als Zeiten, Sitten und Bedingungen sich änderten, blieben diese Rituale in äußerlichen Mustern stecken und die Menschen verloren den Bezug zu ihnen; in solchen Augenblicken brauchte nur ein neuer Prophet oder ›spiritueller Wissenschaftler‹ aufzutreten, um die überholten Rituale mit einem neuen Sinn zu versehen und als eigenständiges Weltbild anzupreisen. Diese ›neue‹

---

* Alfred Korzybski, der verstorbene polnische Mathematiker, Ingenieur und Philosoph, war der Begründer der Wissenschaft der allgemeinen Semantik (Bedeutungslehre). Er formulierte die berühmte Theorie der Zeitbindung, mit der er beweist, daß sich der Mensch vom Tier darin unterscheidet, daß eine Generation dort anfangen kann, wo eine andere aufgehört hat. In seinem Buch *Manhood of Humanity* wird diese Theorie eingehend erklärt. Es ist ein Klassiker.

Offenbarung war aber nichts wirklich Neues. Es wurden nur alte Weisheiten mit moderneren Kleidern versehen.

Auch heute steht die Menschheit an der Schwelle eines wissenschaftlichen Zeitalters. Die äußeren Kleider der alten Religionen sind fadenscheinig geworden und haben ihre Bedeutung verloren. Aber das Verlangen nach der alterslosen Weisheit, nach der Wissenschaft des Lebens und des Wachsens, die Grundlage aller unserer Religionen, ist so groß wie eh und je. Diese Suche legt sich viele verschiedene Etiketten zu, wie zum Beispiel Parapsychologie, Okkultismus, Metaphysik, Mystizismus, Grenzwissenschaften, Mentalkultur, Radiationale Physik, Biomagnetronik und Magie, um nur einen kleinen Teil davon zu erwähnen.

Einige fundamentale Grundsätze jeder parapsychologischen Forschungen sehen so aus:

1. Es gibt eine Wissenschaft, die das menschliche Wesen wachsen und sich entwickeln läßt.
2. In jedem Menschen sind unbewußte Kräfte und Möglichkeiten verborgen, die geweckt werden müssen.
3. Der Mensch ist dazu bestimmt, zu etwas Größerem zu wachsen als das, was er jetzt ist. Nietzsche sagt: »Der Mensch ist eine über den Abgrund führende Brücke, ein gefährlicher Weg vom Tier zum Göttlichen.«
4. Der Mensch hat einen bestimmten Platz im Leben und eine ganz bestimmte Beziehung zum kosmischen Plan.
5. Diese Beziehung kann jedoch nur dann gefunden und erfüllt werden, wenn er Zugang zu seinen tiefsten Fähigkeiten und Bedürfnissen findet.

Zur Parapsychologie gehören deshalb auch alle alten Versuche, die menschlichen Fähigkeiten zu entwickeln. Sie versucht die Anwendung wissenschaftlicher Methoden auf so verschiedenen Gebieten wie Astrologie, Numerologie, Kabbala, Yoga, Handlesekunst, Heilung, ESP, Magie, Telepathie, Reinkarnation, Hellsehen und anderen. Da das Pendel ein Gerät zum Aufzeigen des Außersinnlichen ist, liegt sein Arbeitsgebiet auf dem Feld der Parapsychologie. Noch wichtiger ist es jedoch, daß es zu einem Werkzeug wird, durch das wir auch alle anderen Grenzwissenschaften erforschen können, um den Bereich herauszufinden, an dem wir lernen und wachsen können.

Die richtigen Bücher wählen

Die meisten Menschen werden zum erstenmal beim Lesen eines Buches auf die Parapsychologie aufmerksam. Entweder wählen sie selbst das Buch, oder sie begegnen einem Freund, der ihnen bestimmte Bücher zu lesen empfiehlt.

Es gibt ausgezeichnete Bücher über Parapsychologie und das Okkulte, allerdings auch ebenso viele unsinnige und unsachliche. Halten Sie daher Ihr Pendel über ein Buch, um herauszufinden, ob es eine gute Ausstrahlung auf Sie hat und Ihnen neue Erkenntnisse vermitteln könnte.

Natürlich sind bei der Auswahl von Büchern ganz verschiedene Faktoren zu berücksichtigen. Selbst wenn Sie zwei grundsätzlich ausgezeichnete Bücher zur Auswahl vor sich liegen haben, könnte das Pendel bei dem einen positiver ausschlagen als beim anderen. Das wäre zum Beispiel damit zu erklären, daß Sie zur Zeit zu dem Autor und der Sprache des einen Titels einen besseren Zugang haben als zum anderen. Wenn Sie lesen, stimmen Sie sich nämlich auf den Geist des Autors ein und, sobald Sie in Harmonie mit den Gedanken des Verfassers sind, werden Sie alles klarer sehen und besser für sich nutzen können.

Außerdem werden zwei Autoren des gleichen Ranges, mit den gleichen Fähigkeiten und dem gleichen Wissensstand das gleiche Thema aus verschiedenen Blickwinkeln behandeln und den Inhalt und die Aussage ihres Buches ganz individuell vermitteln. Sehr oft erweckt ein Buchtyp zu einer gewissen Teit in Ihnen eine gute Resonanz, während ein ähnliches Buch zum gleichen Thema Sie unbeeinflußt ließe. Auch das kann von Ihrem Pendel bestimmt werden.

Die Wahl eines Lehrers

Es erscheint uns völlig logisch, bei der Erforschung eines unbekannten Gebietes oder bei einer Reise in ein fernes Land entweder vorher wesentliche Informationen einzuholen oder sich einem erfahrenen Führer anzuvertrauen. Das gleiche sollte auch dann gelten, wenn das unbekannte Land der inneren Welt betreten wird. Es ist daher für Ihr seelisches Wachstum von größter Wichtigkeit, den richtigen Führer oder Lehrer zu finden. Der Okkultismus kann gefährlich werden und zu starken psychischen Konflikten führen, wenn er nicht dazu eingesetzt wird, das innere Wachstum zu festigen.

Es liegt in der Natur gerade dieses Gebietes — eben weil es sich mit unbekannten Kräften und mystischen Einsichten befaßt, die real nicht leicht oder gar nicht wahrzunehmen sind — keine objektiven Richtlinien zur Deutung geben zu können. In diesem Bereich werden weder Prüfungen noch Zeugnisse verlangt. Und jeder, der sich damit beschäftigt und Sie einführen will, kann Ihnen nur dann den Weg zur Harmonie und zum inneren Gleichgewicht zeigen, wenn Sie sich ihm auch intuitiv anvertrauen können.

Hat man zwischen einem qualifizierten und einem unqualifizierten Lehrer zu wählen, so ist der Ratsuchende oft allein auf sein Gefühl angewiesen.

Wie findet man nun den richtigen Lehrer aus einer ganzen Gruppe von Möglichkeiten? Benutzen Sie dazu Ihr Pendel. Nehmen Sie zehn Möglichkeiten und pendeln Sie diese aus, indem Sie bei jedem Namen fragen: »Ist dies der richtige Lehrer oder die richtige Gruppe für mich?« Bekommen Sie mehr als eine positive Antwort, so fragen Sie: »Ist dieser Lehrer der beste für mich?«

Bei dieser Befragung werden Sie möglicherweise zu den erstaunlichsten Resultaten kommen und vielleicht entdecken, daß einige Lehrer von ausgezeichnetem Ruf für Sie vom Pendel her als negativ bezeichnet werden, während ein anderer und relativ Unbekannter positive Schwingungen auslöst. Das heißt nun durchaus nicht, daß die ersten unfähig sind, sondern nur, daß der positiv ausgependelte Lehrer Ihnen zur Zeit mehr zu geben vermag. Zu einer anderen Zeit und in einer anderen Entwicklungsphase mögen andere Menschen wichtiger für Sie sein.

Astrologie

Bei den Ärzten ist es ein absoluter Grundsatz, daß eine richtige und genaue Diagnose für eine vernünftige und wirkungsvolle Behandlung unerläßlich ist. Genau das trifft auch auf all die seelischen Konflikte zu, unter denen jeder von uns von Zeit zu Zeit zu leiden hat. Von diesem Standpunkt aus gesehen wäre ein Geburtshoroskop eine Röntgenaufnahme der Seele. Denn es enthüllt die Struktur der Psyche in klarer, symbolischer Form und zeigt klar und deutlich Stärken und Schwächen des Einzelnen auf. Als Instrument der Vorhersage und der Entscheidungshilfe läßt es jedoch einiges zu wünschen übrig.

Seelische Gesundheit setzt Selbsterkenntnis voraus. Mit Hilfe der Astrologie können Fähigkeiten und Schwächen erkannt werden. Erst der, der weiß, was in ihm vorgeht und warum, ist auch in der Lage, die Möglichkeiten und die Grenzen seiner Persönlichkeit zu entdecken und gewinnbringend zu nutzen.

Wir wollen hier jedoch keine Abhandlung über die Astrologie bringen, sondern zunächst nur auf die drei wichtigsten Faktoren eines Geburtshoroskopes eingehen:

Die Planeten: sie symbolisieren ganz spezifische Energien.

Das Tierkreiszeichen: aus ihm ist zu ersehen, wie die Energie der Planeten geformt und verwandelt wird und die

Häuser, in denen sich die einzelnen Energien manifestieren, um in Reaktionen umgesetzt zu werden.

Die Zeichnung eines Geburtshoroskopes ähnelt einer mathematischen Gleichung; hier werden die diversen psychischen Faktoren eines Menschen zueinander in Beziehung gesetzt.

Astrologen wissen sehr genau, daß ein Horoskop nur so gut ist wie der Astrologe, der es erstellt, beziehungsweise erklärt. So können zum Beispiel fünf Astrologen das gleiche Horoskop zeichnen und zu fünf verschiedenen Auslegungen kommen. Dasselbe gilt auch für die Diagnosen von Ärzten, Psychiatern und Chiropraktikern. Kommt ein Patient mit einem gesundheitlichen Problem zu ihnen, so fällt meistens schon die Diagnose unterschiedlich aus. Das heißt nicht, daß der eine recht, der andere unrecht hat. Es bedeutet nur, daß der eine Arzt die Daten der Labortests und körperlichen Untersuchungen anders deutet, als der andere.

Wenn man einen Arzt, Astrologen, Anwalt, Priester oder sonstigen Ratgeber wählt, sollte man davon ausgehen, daß die Ansicht dieser Person einmalig und in diesem besonderen Fall richtig ist. Die wichtigen Qualitäten, und die sind unbedingt zu beachten, sind berufliche Tüchtigkeit und eine Harmonie der Vibrationen. Wenn der beruflich Tüchtigste anders vibriert als Sie, kann er Ihnen kaum helfen. Sie sind für seinen Rat auch nicht sehr aufgeschlossen, und er wird vermutlich Ihr Problem mit weniger Mitgefühl und Einsicht angehen.

Die meisten Horoskope hängen mit ihrer Gültigkeit von korrekten und sehr genauen Geburtsdaten ab. Die Geburtsminute gibt dem Astrologen den genauen Grad des ›aufsteigenden Zeichens‹ oder ›Aszendenten‹. Schon ein Unterschied von vier Minuten genügt, um bei einigen Horoskopsystemen Umriß und Struktur gründlich zu verändern.

Hier liegt das Problem: Die meisten Menschen kennen den genauen Augenblick ihrer Geburt nicht. Viele meinen, sie wüßten ihn, weil es so in ihrer Geburtsurkunde steht, aber diese Dokumente sind ja dafür bekannt, daß sie recht oft ungenau sind. Das Krankenhauspersonal, das für die genaue Aufzeichnung der Geburtszeit verantwortlich ist, wird oft überarbeitet und abgehetzt sein. Meistens verstehen die Leute auch nichts von Astrologie und denken nicht im geringsten darüber nach, wie wichtig die genaue Geburtszeit sein könnte. So entstehen ungefähre Zeitangaben. Das mag für verwaltungstechnische Zwecke genügen, ist aber für die Astrologie völlig unbrauchbar. Es wird also selten jemand seine eigene Geburtszeit genau kennen, es sei denn, die Mutter interessiert sich für Astrologie und hält den Augenblick der Geburt fest.

Das Problem einer nicht exakten Zeitangabe kann auf verschiedene Arten gelöst werden. Einige Astrologen bedienen sich der Technik der ›Berichtigungen‹. Sie ziehen die Spuren wichtiger und prägnanter Ereignisse im Leben des Klienten nach, um herauszufinden, wie diese in das Horoskopmuster eingepaßt werden können. Anhand dieser Daten wird der Grad des Aszendenten berechnet. Das Gedächtnis der Menschen ist nicht immer genau. Bestimmte Ereignisse können von einer Vielzahl von Faktoren verursacht werden, und das sind nicht immer gerade jene Daten, die für die Berichtigung der Geburtszeit eingesetzt werden.

Andere Astrologen lassen die Häuser, die nur durch die genaue Geburtszeit bestimmt werden können, überhaupt wegfallen. Sie gehen davon aus, daß eine Berechnung mit zu vielen Unbekannten kein genaues Ergebnis anzeigen kann.

Mit Hilfe der Radiästhesie kann man jedoch den genauen Grad des aufsteigenden Zeichens bestimmen, ohne den exakten Geburtsmoment zu kennen. Halten Sie ganz einfach das Pendel über die Horoskopzeichnung und fragen Sie: »Ist diese Person ein Widder-Aszendent?« Oder: »Ist diese Person ein Stier-Aszendent?« und so weiter, bis das Pendel bei der Nennung des Namens und des richtigen Aszendenten positiv ausschlägt.

In der modernen Astrologie gilt der Aszendent als Symbol für die Persönlichkeitsstruktur, das Ich, für die Erbanlage des Körpers und für das Temperament.

Der genaue Grad des Aszendenten wird nach der gleichen Methode ausgependelt, wie die Geburtszeit: schreiben Sie auf eine kleine Karte den Namen des Horoskopinhabers und darunter die Zahlen von eins bis dreißig. Anschließend wird das Pendel über jede der Zahlen gehalten — konzentrieren Sie sich dabei auf die einzelnen Ziffern und fragen Sie: »Ist das der Grad des Aufsteigens?« Kommt man zur richtigen Zahl, wird das Pendel positiv schwingen.

Hier eröffnet sich ein faszinierendes Forschungsgebiet für Astrologen. Ehe Sie sich aber an das Auspendeln von Horoskopen wagen, sollten Sie schon über eine gewisse Geschicklichkeit im Pendeln verfügen. Überprüfen Sie Ihre Ergebnisse zunächst für sich allein und am Verhalten und Charakter der betreffenden Person.

Ein anderes Problem der Astrologie ist, daß sie immer nur ein diagnostisches Werkzeug und niemals ein Therapiesystem sein kann. Einfacher ausgedrückt: Die Astrologie kann so, wie sie heute praktiziert wird, nur zeigen, wo und wie ein Problem in der Psyche des Menschen wirkt, aber sie kann nicht — und gibt auch nicht vor, dies zu können — die Mittel und Methoden aufzeigen, mit denen dieses Problem zu lösen ist. Die therapeutische Astrologie ist noch eine Wissenschaft der Zukunft. Aber der Einsatz des Pendels bringt uns der Wissenschaft der therapeutischen Astrologie einen Schritt näher.

Wenn Sie die Planeten genau analysieren, so werden Sie feststellen, daß jeder von ihnen eine ›Wurzel-Energie‹ oder ein Prinzip verkörpert, das innerhalb von Mensch und Natur existiert. Die physische und psychische Gesundheit besteht in dem harmonischen und rhythmischen Zusammenwirken aller Energien in uns. Gibt es ein Ungleichgewicht oder eine Disharmonie zwischen diesen Energien, so sind Krankheiten die Folge. Dieses Ungleichgewicht drückt sich in körperlichen Beschwerden aus, indem sich zum Beispiel verschiedene Organe weigern, miteinander zusammenzuarbeiten — kann sich aber ebensogut seelisch manifestieren, und zwar dann, wenn verschiedene psychische Energien in Konflikt kommen oder ungleichgewichtig sind.

Mit dem Pendel sind wir in der Lage, die planetaren Energien zu messen und herauszufinden, an welchen Stellen in unserem ganz persönlichen Horoskop ein Energiemangel herrscht.

Die im Geburtshoroskop berücksichtigten zehn Planeten symbolisieren zehn psychische Energien.

Sonne: Das Prinzip des Willens, Zielbewußtseins, der Individualität, des Machtstrebens.

Mond: Symbolisches Leitbild für Gefühl, Empfindung, Veränderlichkeit, Seele und die Kraft des Unterbewußten.

Merkur: Logisches Denken, Verstand, Sprache und Schrift, Vermittlung.

Venus: Das Prinzip der Anziehung, Liebe, Erotik, Sexualität, Harmonie, Schönheit, Kunst.

Mars: Körperliche Energie, Mut, Tatkraft, Willenskraft.

Jupiter: Das Symbol der Aufbesserung; Hilfe, Förderung, Unterstützung. Aber auch Glück, Weisheit, Religion, Reichtum.

Saturn: Das Prinzip der Disziplin, Ordnung, Zeit, Einschränkung, Widerstand. Aber auch Erfahrung und Vertiefung der eigenen Persönlichkeit.

Neptun: Symbol für Selbsttäuschung, Illusion, geistige Ideale, Opferung und Hingabe; aber auch Inspiration und Zugang zum Unbewußten. Mediale Fähigkeiten.

Uranus: Originalität, der Wunsch nach Veränderung, Wandlung, Neubestimmung alter Werte; Revolution im Sinne einer radikalen Beendigung überholter Zustände.

Pluto: Erneuerung, Umbruch, Mobilisierung aller Kräfte, überdurchschnittliche Erfolge oder Glücksfälle.

Der Astrologe oder Astrologieschüler kann sich eine Liste der Planeten machen und das Pendel nacheinander über jeden einzelnen halten. Dazu fragt er: »Leide ich (oder mein Klient) an einem Mangel dieser Energie?« Das Pendel wird positiv über dem Planeten schwingen, in dessen Energien ein Mangel herrscht.

Hat der Klient zum Beispiel zu wenig Venus-Energien, so sollte er eine Liebesbeziehung eingehen oder gesellschaftliche Verbindungen aufnehmen oder eine künstlerische Form der Selbstdarstellung finden, um die psychischen Energien ins Gleichgewicht zu bringen, und damit eine emotionelle und mentale Ausgeglichenheit zu schaffen.

Oder das Pendel zeigt einen Mangel an Saturn-Energien. Das würde bedeuten, daß die betreffende Person über wenig Selbstdisziplin, Ordnung und Organisation verfügt. Sie muß sehr gewissenhaft an sich selbst arbeiten, um davon mehr in ihr Leben einzubringen. Nur so könnte das emotionelle und mentale Gleichgewicht wieder hergestellt werden.

Das Schöne an dieser Methode ist, daß sie uns auch die Möglichkeit gibt, die Fortschritte ständig zu überprüfen. Mit Hilfe des Pendels können wir tagtäglich erkennen, an welchen Energien es uns gerade mangelt.

Unsere seelischen Bedürfnisse verändern sich ständig wie unsere Nahrungsbedürfnisse. Das Pendel gibt uns die Möglichkeit, sie zu überprüfen und tagtäglich neu zu stillen.

Pendel und Meditation

Unter Meditation versteht man Übungen, die das Bewußtsein des Meditierenden in einen Zustand versetzen, in dem es zu einer Erfahrung des ›Erwachens‹, der ›Befreiung‹, der ›Erleuchtung‹ kommen kann. Gleichzeitig ist sie ein Mittel des Geisttrainings und das Werkzeug des geschulten Geistes. Sie ist das unübertroffene Instrument des kreativen Denkens, der Problemlösung und der Ausschaltungen psychischer Hemmungen und Hindernisse.

Gemeinsames Kennzeichen aller Meditationsformen ist, daß ihre Übung den Geist des Meditierenden sammelt, ihn beruhigt und klärt wie die Oberfläche eines aufgewühlten Gewässers, auf dessen Grund man nur schauen kann, wenn der Wasserspiegel still und das Wasser klar ist.

Leider verwechseln viele Menschen Meditationstechniken mit der eigentlichen Kunst der Meditation. Wer weiß, wie man meditiert, muß es noch lange nicht können. Das ist so, als würde jemand, der nur ein Lied kennt, behaupten, er sei Fachmann in sämtlichen musikalischen Disziplinen.

An der Meditation ist nichts Mystisches oder Geheimnisvolles. Jeder, der einmal beobachtete, wie ein Künstler oder Schriftsteller über einem kreativen Problem nachgrübelte und sich abquälte, jeder der aktiv an einer Gerichtssitzung teilnahm oder auch tief und nachhaltig über persönliche Schwierigkeiten nachdachte, hat unbewußt meditiert. Meditation ist ein Werkzeug des Geistes, aber es ist am wirksamsten, wenn man es bewußt einsetzt, um es nach Bedarf ein- oder abschalten zu können.

Die Meditationstechniken unterscheiden sich je nach dem Zweck und dem zu erreichenden Ziel. Im Grund ist für alle Formen eine genaue Atemkontrolle nötig, ein entspannter Körper und ein ruhiger Geist. Die Techniken zur Erreichung dieses Zustandes sind verschieden. Es gibt Meditationen des Atems, des Körpers, des Gefühls, der Füße, der Gedanken, der Ideale und transzendentaler Eigenschaften wie Schönheit, Liebe, Gott und so weiter.

Da jeder von uns eine einmalige Wesenseinheit mit unterschiedlichen Strukturen und Temperamenten ist, erscheint es logisch und folgerichtig, daß jeder von uns auch mit seiner eigenen Meditationsmethode am weitesten kommt. Zur Bestimmung der besten Methode kann das Pendel befragt werden. Es hilft Ihnen nicht nur, die persönliche Meditationsmethode zu finden, sondern kann auch die Länge jeder Sitzung und den besten Platz für die Meditation bestimmen.

Zeichnen Sie ein Zifferblatt mit den sechzig Minuten. Halten Sie das Pendel über die 5 und fragen Sie: »Kann ich heute fünf Minuten lang meditieren?« Schwingt es positiv, so fragen Sie weiter: »Kann ich heute zehn Minuten meditieren?« Fällt auch hier die Antwort positiv aus, so können Sie Ihre Fragen so lange fortsetzen, bis das Pendel negativ schwingt. Damit bekommen Sie die für Sie sicherste Zeit.

Sobald Sie mit dem Meditationstraining beginnen, werden Sie feststellen, daß die Sie umgebende Atmosphäre von besonderer Bedeutung ist. Jeder Platz hat seine spezifische Ausstrahlung, die von der Frequenzrate oder den Vibrationen der Menschen bestimmt wird, die gewöhnlich hier leben oder öfter zu Besuch kommen. Halten sich zu viele Menschen mit tristen Gedanken oder depressiven Stimmungen in einem Raum auf, so bleiben deren negative Schwingungen noch einige Zeit erhalten. Diese Orte sind ungeeignet zum Meditieren.

Gewisse Bereiche wie zum Beispiel Krankenhäuser oder psychiatrische Einrichtungen, aber auch Bahnhöfe und U-Bahn-Schächte sind überfüllt mit negativen Vibrationen und daher vor allem für Anfänger als Meditationsraum ungeeignet. Müßte ein Ungeübter an einem solchen Ort meditieren, so bestünde die Gefahr, daß fremde Wesenheiten und disharmonische Schwingungen in seine Aura eindringen (magnetisches Feld — psychische Haut) und vielleicht zu Krankheiten, Energieverlusten oder gar Besessenheit führen. Denn zu meditieren heißt auch, sich zu öffnen und Raum für neue Energien zu schaffen. Mit Hilfe des Pendels können Sie sich leicht vor negativen Schwingungen schützen. Sie brauchen nur festzustellen, ob dieser oder jener Platz für eine Meditation geeignet ist oder nicht.

Die Meditation kann von großem Vorteil sein. Wird sie richtig durchgeführt, verbessert sie die Gesundheit, schaltet Ängste aus und baut Komplexe ab, hebt psychische Blockierungen auf und öffnet unserem Bewußtsein neue Zonen mentalen Erlebens. Mit der Meditation werden uns neue Lebensräume zugänglich gemacht. Eine falsch angewandte Meditation kann aber auch zu Wahnsinn und Depression führen. Wählen Sie deshalb einen guten Meister und bedienen Sie sich dazu des Pendels.

Das Pendeln allein ist auch schon eine Art der Meditation; denn es fordert neben einer ruhigen und entspannten Haltung ein ›Sich Öffnen‹ für äußere Schwingungen.

Pendel und Telepathie

Websters Wörterbuch definiert die Telepathie als ›Kommunikation von einem Geist zu einem anderen auf anderem Weg als durch die Kanäle der Sinne‹.

Daß es eine Telepathie gibt, kann nicht geleugnet werden. Tausende von aufgezeichneten Fällen telepathischer Verständigung sind ein unwiderlegbarer Beweis. Die meisten von uns haben in ihrem Leben irgendwann schon einmal eine Form der Telepathie erlebt. Jeder, der einmal verliebt war, der einen sehr guten Freund hat, der einen Hund oder eine Katze besitzt, kennt Telepathie. Wir scheinen zu spüren, was ein geliebtes Wesen denkt oder fühlt, ohne daß es verbal ausgedrückt würde. Wir haben plötzlich das merkwürdige und sehr dringende Bedürfnis, einen alten Freund zu besuchen oder anzurufen, den wir seit Jahren nicht mehr gesehen haben, und dann finden wir heraus, daß diese Person gerade jetzt an uns dachte und mit uns reden wollte.

Solche Dinge geschehen tagtäglich und sind nichts Neues. Was hier in Frage steht und was die Parapsychologen erforschen, sind die grundlegenden Gesetze, von denen die Telepathie beherrscht wird. Sind diese einmal bekannt, so können die telepathischen Kräfte der Menschen unter bewußte Kontrolle gebracht werden. Wir werden dann in der Lage sein, sie ganz nach Bedarf ein- und abzuschalten. Damit wäre eine neue Form der Verständigung geschaffen, die den jetzigen Formen ungeheuer überlegen wäre; eine Verständigungsbasis, die von Drähten, Schaltungen, Maschinen und zahllosen Instrumenten unabhängig wäre. Und was noch wichtiger ist: Sie wäre nicht mehr auf die Sprache angewiesen, sondern direkt und nicht mehr durch ungenaue Formulierungen verfälscht. Ist die telepathische Verständigung erst einmal perfektioniert und bewußt gemacht, so könnte sie theoretisch zumindest allen sprachlichen Mißverständnissen zwischen den Menschen ein Ende setzen.

Zur Zeit gibt es nur sehr wenig Menschen, die der bewußten Telepathie fähig sind, die übrigen erleben Telepathie gelegentlich und rein zufällig. Aber es besteht die Hoffnung, irgendwann einmal dieses hervorragende Verständigungsmittel in größerem Maß einzusetzen.

Vor etwa einem Jahr entdeckte ich zufällig, daß auch das Pendel als telepathisches Gerät eingesetzt werden kann. Ich war damals Vizepräsident einer Kreditberatungsfirma. Greg

Nielsen, der Mitautor dieses Buches, arbeitete mit mir zusammen. Mein Partner, der Präsident der Firma, befand sich mit seiner Frau in einem Campingwagen auf der Hochzeitsreise. Die zwei fuhren kreuz und quer durch das Land. Es gab keine Telefonnummer, über die er zu erreichen gewesen wäre, aber das hatte er ja ausdrücklich so gewollt.

Er war seit etwa einer Woche unterwegs. Ich hatte die doppelte Arbeit zu bewältigen, sowohl in der Verwaltung, als auch in der Werbe- und Verkaufsabteilung, und war deshalb völlig überlastet, als zwei bullige Männer kamen und sagten, sie seien I.R.S.-Agenten und wollten einige Transaktionen nachprüfen, die wir mit einer nicht mehr bestehenden Firma durchgeführt hätten. Sie wollten für einen Prozeß, der gegen die Leiter dieser Firma in Vorbereitung war, die entsprechenden Unterlagen sehen. Da steckte ich nun in einer Klemme. Nur mein Partner hatte Zugang zu diesen Unterlagen, und ich hatte keine Ahnung, wo ich mit dem Nachschauen beginnen konnte. Das sagte ich auch diesen Männern.

Die wollten aber keine Entschuldigungen hören, sondern die Unterlagen sehen, und ich konnte sie ihnen nicht geben. Wenn ich sie am folgenden Tag nicht vorweisen könne, sagten sie, würden sie unsere gesamten Bücher beschlagnahmen und selbst nach den Unterlagen suchen. Mich regte dies aber nicht auf.

Natürlich kenne ich keinen Geschäftsmann, der sich mit Vergnügen einer Steuerprüfung unterziehen würde und gerade zu jener Zeit konnten wir keine Prüfung riskieren. Unsere Buchhaltung war nicht hieb- und stichfest. Wir bezahlten zwar unsere Steuern, aber unsere Bilanzen wiesen gewisse Mängel auf, die diese Fachleute mit Sicherheit entdeckt hätten, wenn sie angefangen hätten unsere Bücher zu untersuchen.

Ich mußte daher unter allen Umständen mit meinem Partner in Verbindung kommen. Aber wie? Aus reiner Verzweiflung rief ich Greg in mein Büro und sagte ihm, was los sei. Er schlug vor, wir sollten das Pendel benützen, um Steve, meinen Partner, zu erreichen. »Halten wir das Pendel über ein Bild von Steve und konzentrieren wir uns auf ihn, indem wir uns vorstellen, daß er das Büro anruft. Es ist unsere einzige Chance«, schlug ich schließlich vor.

Wir sperrten die Bürotür ab, hielten das Pendel über Steves Bild und konzentrierten uns. Plötzlich begann das Pendel schnell im Uhrzeigersinn zu kreisen, und die Stärke des Schwunges gab den Grad unserer Konzentration wieder. Nach ungefähr drei Minuten beruhigte sich das Pendel. Wir beide fühlten uns irgendwie erleichtert, obwohl sich unsere Konzentration noch immer auf den gleichen Punkt ausrichtete. Das Pendel schien uns zu sagen, daß die Botschaft durchgekommen und der Widerstand überwunden sei und keine weitere Anstrengung mehr gemacht werden müßte. Wir beide fühlten uns seltsam ruhig.

Fünfzehn Minuten später rief Steve an; er befand sich in einer Tankstelle in der Nähe des Grand Canyon. Eine Viertelstunde hatte er gebraucht, um dorthin zu gelangen. Er sagte, er habe das dringende Gefühl gehabt, er müsse das Büro anrufen, um zu hören, was vorgehe, aber er schien keine Ahnung davon zu haben, daß wir nach ihm gerufen hatten. Er dachte, die Idee gehe allein von ihm aus. Ich erzählte ihm schnell, was vorgefallen war, und er sagte mir, wo ich die Unterlagen finden könne, so konnte am nächsten Tag die Angelegenheit erledigt werden.

Diese Geschichte habe ich vielen Leuten erzählt. Manche sagen, das hätte ich auch ohne Pendel geschafft. Vielleicht. Aber Greg und ich haben dieses Experiment sehr oft gemacht, mit und ohne Pendel. Mit Pendel ging es immer schneller und besser. Als einzige Erklärung können wir anbieten, daß das Pendel ein körperliches Objekt ist und daher dem Geist einen konkreten Punkt gibt, auf den er sich konzentrieren kann; die Konzentration wird damit verbessert, die zur Verfügung stehende mentale Kraft erhöht.

Wenn man sich der Telepathie ohne Pendel bedient, so ist dazu wohl eine größere mentale Energie nötig. Wir hoffen aber auf jeden Fall, daß auch andere in dieser Richtung experimentieren, so daß der Wissenschaft des neuen Zeitalters weitere Daten zur Verfügung gestellt werden können.

10 Erforschen Sie die verborgenen Kräfte Ihres Geistes

In diesem Kapitel geht es um das Aufspüren von Ängsten, Blockierungen, unbewußten Verhaltensmustern — um all die Dinge, die der Volksmund als ›Komplex‹ bezeichnet.

Der Meisterpendler Isidore Friedman sagte oft: »Die größte Gefahr der Menschheit liegt darin, immense Kräfte moderner Technologie zur Verfügung zu haben, während unsere psychologische Atmosphäre der des Jahres 2000 vor Christus gleicht. Das ist ungefähr so, als stelle man einem primitiven Höhlenmenschen eine Boeing 747 vor die Tür und sagte ihm, er solle sie fliegen. Daraus kann nur ein Unglück entstehen.«

Die meisten von uns halten sich an überholten Meinungen fest, leben ihr Leben nach falschen Grundsätzen und Konzepten, urteilen und beurteilen das, was ihnen widerfährt nach einem ihnen zum Teil unbewußten Verhaltensmuster.

Die Überzeugungen und Dogmen, nach denen wir unser Leben gestalten, kommen aus den verschiedensten Quellen. Zum einen können es antiquierte Moralvorstellungen und überholte ethische Systeme sein, zum anderen negative Kindheitserlebnisse, die die Struktur des Erwachsenenlebens beeinflussen.

Reinkarnationsforscher und einige Therapeuten gehen davon aus, daß viele dieser ungesunden Glaubenssätze aus negativen Mustern eines vergangenen Lebens übernommen werden. Wie auch immer die Quelle aussehen mag, das Problem bleibt: Wie kommen wir diesen Dingen auf die Spur, um sie ausschalten zu können und um endlich die Fähigkeiten zu entdecken und auszuleben, die in uns stecken?

Ich kenne viele talentierte Menschen, die im Leben nur deshalb nicht vorwärtsgekommen sind, weil in ihnen ein tiefes Gefühl der Wertlosigkeit verwurzelt ist, das zumeist auf negative Kindheitserlebnisse zurückzuführen ist. Diese Gefühle sind an bestimmte Überzeugungen gebunden, die weder eine Beziehung zum Intellekt des Erwachsenen noch zur Qualität des tatsächlich Erlebten haben. Derjenige jedoch, der von ihnen beherrscht wird, strahlt das Gefühl der Minderwertigkeit über seine Aura aus und vermittelt selbst jenen, die von ihm überzeugt sind, unbewußt das Empfinden, ›doch nicht gut genug‹ zu sein.

Selbst wenn die Unterhaltung mit einer solchen Persönlichkeit dynamisch und positiv verläuft — das Unterbewußtsein des Komplexbeladenen strahlt auf einer nonverbalen Ebene ein Gefühl der Wert- und Mutlosigkeit aus, das sich auf den Gesprächspartner überträgt.

Wenn sich jemand dieser von ihm ausgehenden Aura nicht bewußt ist und auch die Gesetze der Strahlungsphysik nicht versteht, so neigt er unbewußt zu Reaktionen, die eine Zurückweisung geradezu herausfordern. Die uralte Erwartung des Abgelehntwerdens wird erfüllt und manifestiert sich zu der Überzeugung: ich kann nichts und bin nichts. So wird jede Hoffnung von der tief verankerten Erwartung, sie sei nicht zu erfüllen, manipuliert: das Unbewußte erhält recht.

Das ist ein sehr negativer und schädlicher Zyklus, der Haß, Zorn, Enttäuschung, Wut und Krankheit zur Folge hat. Und die Strahlung dieser negativen Gefühle bringt immer mehr Unheil in dieses Leben. So geht es immer weiter. Wie eine Spirale, die sich langsam aber stetig nach unten schraubt. Das Muster ist wohlbekannt.

Einer der grundlegenden Glaubenssätze der Psychotherapie ist der, daß dem Patienten diese unterbewußten Gefühle bewußtgemacht werden können, damit der seelisch kranke Mensch sich auf eine vernünftige Art und Weise mit ihnen auseinandersetzen kann, sie sozusagen auflöst. Die meisten

Therapeuten versuchen, ihre Patienten zu einem Blick auf vergangene negative Erlebnisse zu bewegen, um Ängste, Vorlieben und Abneigungen vom Standpunkt der Gegenwart aus zu sehen und zu lernen, mit diesen Dingen umzugehen. Der Patient wird nach und nach begreifen, daß es keinen Sinn hat, sich jetzt noch, im Zustand der Reife, an alte Überzeugungen, Verärgerungen und Rachegefühle zu klammern. Seine bisher gültigen Verhaltensmuster, Überzeugungen, Ängste und dergleichen waren einem Kind angemessen, sind aber für einen Erwachsenen nicht mehr normal.

Betrachtet der Patient seine Reaktionen vom Standpunkt der Vernunft, so kann er Klarheit in überholte Verhaltensmuster bringen, das Irreale mit der Realität vergleichen, alte Ängste auflösen und ihre negative Energie entladen. Der Kranke ist geheilt. Heilung im Sinne von Ganzheit und Unzerstörbarkeit. Er kann wieder aus seiner Mitte leben.

Eine der besten Techniken zur Diagnose emotioneller und mentaler Probleme ist der Gebrauch des Pendels. Diese Analyse spart vor allem sehr viel Zeit. Therapeut und Patient müssen nicht Jahre darauf verschwenden, blind nach den Wurzeln der Problematik zu suchen. Mit dem Pendel kann sich der Therapeut auf den Patienten einstimmen, jede negative Energie in seiner Aura identifizieren und sie neutralisieren, wie wir noch sehen werden.

Volney Mathieson entdeckte als erster, daß alle Ängste, Gefühle und jeder Groll – alle Gedanken und Emotionen – elektrischer Natur sind. Durch Experimente mit dem Lügendetektor fand er heraus, daß die Nadel des Detektors wirr herumhüpfte, wenn eine Person an bestimmte vergangene Ereignisse erinnert wurde oder wenn man einen Stimmungsumschwung in ihr auslöste. Der Grad des Nadelausschlags stand im Verhältnis zur Stärke und Heftigkeit der psychischen Spannung.

Mathieson erfand dann den Elektropsychometer, kurz E-Meter genannt; dieses Gerät war dazu bestimmt, die emotionellen und mentalen Stromsprünge einer Person zu messen, die die beiden mit Elektroden verbundenen Handgriffe hielt.

Er entwickelte eine Liste von Worten und Begriffen, die zusammen mit dem E-Meter benutzt werden sollte. Die Testperson umfaßte die Handgriffe des E-Meters und las anschließend die auf der Liste genannten Begriffe laut vor. Gewisse Worte erzeugten immer heftige Ausschläge auf dem E-Meter. War dies der Fall, dann wußte Mathieson, daß diese Bezeichnungen mit sehr heftigen und negativen Gefühlen der Angst, des Grolls und ähnlichen Reaktionen der Testperson in Zusammenhang standen. Meistens war es dem Patienten selbst nicht bewußt, wann und wie negativ er bei bestimmten Worten reagierte. Die Erinnerungen und mit diesen Erinnerungen verbundenen Emotionen waren tief im Unterbewußtsein vergraben.

Das ist ein ganz normales Phänomen, ein grundlegender Schutzmechanismus des Geistes. Hat jemand Gefühle oder Erlebnisse schmerzlicher Natur, die zu intensiv und schmerzvoll sind, um vom Bewußtsein ertragen zu werden, so bildet das Unterbewußtsein eine mentale Wand um diesen Bereich. Hinter dieser Wand bleiben die Gefühle und Erinnerungen verborgen, werden ›unter den Teppich gekehrt‹, wie man sagen könnte.

Würde das Unterbewußtsein diesen schützenden Block nicht aufbauen, so bestünde die Gefahr, daß derartige schmerzhafte Erinnerungen immer dann noch einmal durchlebt werden würden, wenn sich etwas ähnliches ereignete. Das könnte bei sensiblen Menschen zum Wahnsinn führen. In manchen Situationen jedoch durchbrechen Fragmente dieser schmerzhaften Erfahrung die Mauer des Unbewußten und besetzen als undefinierbare Gefühle die Empfindungen eines Menschen. Aggressionen oder plötzliche Depressionen sind die Folge, ohne daß der Betreffende weiß, wodurch dieser Stimmungswechsel ausgelöst wurde. Hier liegt die wirkliche Gefahr. Denn wer die Kraft und die Heftigkeit alter Erinnerungen nicht kennt und sie in sich blockiert, überträgt sie als negative Energien auf das ihn umgebende Umfeld. Dieses Symptom äußert sich in Sätzen wie: »Der andere hat mich verrückt gemacht.« »Mein Boß ist ein Tyrann.« »Das ist die Schuld der Kommunisten, der Schwarzen und so weiter.« Und in diesen fehlgeleiteten Aggressionen liegt vielleicht einer der Hauptgründe für das Versagen im Leben.

Ein anderer sehr negativer Nebeneffekt ist die entsetzliche geistige Energieverschwendung. Unterbewußtseinsblöcke gefrieren riesige Portionen unserer Lebensenergie ein. Sie halten uns in einer ständigen Spannung und ermüden uns. Energien, die wir dazu benutzen sollten, unsere innersten Herzenswünsche zu erfüllen und um das uns bestimmte Ziel zu erreichen, werden im Unterbewußtsein eingeschlossen und sind uns nicht mehr zugänglich.

Volney Mathieson zeichnete alle Worte auf, die bei den Sitzungen mit seinen Patienten sprunghafte E-Meterablesungen ergaben und sprach anschließend mit der Versuchsperson darüber. Sobald der Patient über Gedankenverbindungen redete, die durch diese Worte bei ihm ausgelöst worden waren, normalisierte sich die E-Meterablesung. Die blockierte Energie wurde freigesetzt und der Komplex konnte sich auflösen. Dieser Prozeß ist vergleichbar mit dem Entladen einer Batterie.

An dieser Stelle finden Sie einen Auszug der Wortliste, die von Volney Mathieson in seinem Buch *Super Visualization* veröffentlicht wurde:

... hof — sandig — blau — Beerdigung — Schlag — Fall — Bakterien — verlassen — Vergewaltigung — menstruell — Scham — Unwille — Brauen hochziehen gegen jemanden — Katze — reich — See — Wald — Blumen — Film — gemein — Brücke — Schnee — kalt — weiß — hoch — Peitsche — Stoß — bluten — Schmerz — weinen — Abtreibung — Liebe

— hinabsehen auf — Streit — kaufen — küssen — tanzen — Heuchler — Frau — Geld — Wasser — Camping — Wunsch …

Sie können sich diese Liste natürlich selbst zusammenstellen. Wählen Sie fünfzig beliebige Wörter und Begriffe aus der Zeitung oder Ihrem Lieblingsbuch. Oder bitten Sie einen Freund, Ihnen die Liste zu erstellen.

Nehmen Sie dann die Aufstellung und sprechen Sie entweder ein bestimmtes Wort aus oder zeigen Sie mit dem Finger darauf. Lassen Sie den Begriff auf sich wirken und setzen Sie sich mit allen Assoziationen, die Ihnen zu diesem Wort einfallen, auseinander. Achten Sie gleichzeitig darauf, was mit dem Pendel geschieht. Schwingt es in negativer Richtung oder beschreibt es unharmonische Kreise, so ist das ein Zeichen dafür, daß der entsprechende Begriff in Ihrem Unterbewußtsein von einer negativen Energie besetzt ist. Schwingt das Pendel jedoch glatt und in positiver Richtung, so löst dieses Wort in Ihrem Unterbewußtsein keine Reaktionen aus.

Das ist ein ausgezeichnetes diagnostisches Werkzeug für professionelle Therapeuten. Es zeigt den genauen Ansatzpunkt zum Auflösen spezieller Probleme und Konflikte.

Wenn Sie sich nicht in therapeutischer Behandlung befinden und Ihre Probleme allein lösen wollen, so empfiehlt es sich, all die Worte, die unregelmäßige Pendelausschläge erzeugten, aufzulisten. Nehmen Sie sich anschließend täglich eine halbe Stunde Zeit und schreiben Sie zu jedem dieser Begriffe Ihre spontanen Gefühle, Erinnerungen und Gedanken auf. Auf diese Weise lernen Sie sich selbst auf unglaubliche Art kennen, da Sie mit dieser Methode Blockierungen des Unterbewußtseins ins Bewußtsein holen. Das ist der erste Schritt zur Auseinandersetzung mit blockierten Energien und zur Ent-Spannung.

VORSICHT! Erzeugt eine Erinnerung eine zu heftige Reaktion, die wiederum starke physiologische Reaktionen wie

Kopfschmerzen, Herzschmerzen oder Migräne zur Folge hat, so sollten Sie unbedingt professionelle Hilfe suchen. Setzen Sie die Suche nach Ihren tiefliegenden Konflikten nicht in Eigenregie fort. Die Auseinandersetzung mit dem Unbewußten erfordert einen geübten und stabilen Geist.

Isidore Friedman entwickelte ein anderes Diagnosesystem unbewußter Blockierungen und Probleme. Er nennt es die »Friedman-Methode der ›stick-point-analysis‹«. Seine Methode geht von einem astrologischen Muster aus (siehe Abbildung 5). Wenn Sie einen Kreis ziehen und diesen in die zwölf Häuser des Tierkreises unterteilen, so werden Sie fest-

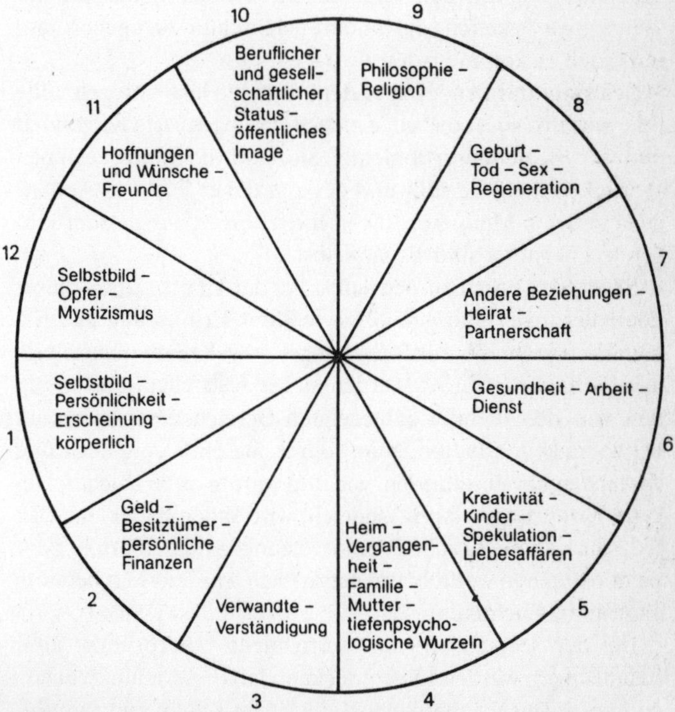

Abb. 5 Friedmans Karte für ›stick-point-analysis‹

stellen, daß alle zwölf Häuser zusammen sämtliche Gebiete der menschlichen Erfahrung umfassen. Halten Sie nun das Pendel über jeden einzelnen dieser Kreisabschnitte und machen Sie sich Notizen über die Ergebnisse einer solchen Pendellesung. Sie werden genau herausfinden, auf welchen Erfahrungsgebieten und in welchen ›Häusern‹ Sie negativ reagieren. In diesen Bereichen sollten Sie Ihre noch ungenutzten Fähigkeiten aktivieren, um den Energiehaushalt Ihrer Seele ins Gleichgewicht zu bringen.

Zeigt das Pendel zum Beispiel über dem dritten Haus eine negative Schwingung, so bedeutet das, daß Ihre Energien zur Verständigung mit den Mitmenschen blockiert sind. Sie haben Schwierigkeiten, auf andere Menschen zuzugehen und mit ihnen zu kommunizieren.

Schwingt das Pendel über dem fünften Haus unregelmäßig oder negativ, so ist das ein Zeichen für ungenutzte Kreativität und für Beziehungsprobleme. Sie sind sich Ihrer eigenen Wertigkeit nicht bewußt und geraten daher leicht in Abhängigkeiten von Menschen, die in Ihren Augen besser oder klüger und begabter sind als Sie selbst.

Seien Sie ehrlich zu sich selbst bei der Überprüfung dieser Pendellesungen und gehen Sie in Ihrer Erinnerung alle Erlebnisse durch, die mit Beziehungs- oder Kreativitätsproblemen behaftet sind. Sie werden sicher feststellen, daß Sie in den von dem Pendel aufgezeigten Bereichen schon immer Schwierigkeiten hatten. Nun bohren Sie ein wenig nach und versuchen herauszufinden, wie und warum es zu solchen Negativ-Erfahrungen kam. Vielleicht wird Ihnen dabei klar, daß Sie sich oft an falsche Voraussetzungen klammerten oder nicht das sehen wollten, was tatsächlich war und sich lieber in Tagträume flüchteten.

Bei der sorgfältigen und aufrichtigen Überprüfung alter Erfahrungen werden Sie entdecken, daß diese schmerzlichen und negativen Erlebnisse noch heute Ihr Leben und Ihre Reaktionen steuern.

Wer unbewußt schon auf Ablehnung einprogrammiert ist, vermittelt seiner Umwelt die insgeheim erwartete Enttäuschung, die dann auch fast immer erfüllt wird. Erst wenn Sie wissen, wo Ihre negativen Energien liegen, können Sie diese in positive Kräfte umkehren.

Wenn Sie auf diese Art und Weise Zugang zu Ihrem Unterbewußten gefunden haben, sollten Sie regelmäßig die Fortschritte Ihrer Selbstheilung überprüfen. Halten Sie das Pendel über den Problembegriff und fragen Sie: »Bin ich auf diesem Gebiet noch immer negativ?« Notieren Sie die Ablesung und die Stärke des Pendelschwungs.

Überwachen Sie Ihren Lebensbrennpunkt!

In der westlichen Gesellschaft grassiert eine Krankheit, die häufiger und gefährlicher ist als Krebs, Herzkrankheiten und Tuberkulose zusammengenommen. Sie wirkt sich verheerend auf das innere Gleichgewicht und das Wohlbefinden der Menschen aus und ist eine wesentlich ernstere Bedrohung als der Schwarze Tod im Mittelalter. Wir nennen diese Krankheit Miniudeismus oder Monolatrie. Es ist die Krankheit der Spezialisierung.

Unsere Gesellschaft ist in Legionen von Spezialisten aufgeteilt, die sich nur auf einem Gebiet auskennen und keine Beziehung mehr aufbauen können von dem, was sie tun und herstellen hin zu dem Großen und Ganzen, das das Endprodukt ihrer Tätigkeit ist. Jeder wird zum Fachmann eines winzigen Details und dadurch unfähig, sich das Endprodukt als Zusammenspiel vieler Einzelfaktoren vorstellen zu können.

Dieses Spezialistentum formt Menschen, die nicht mehr als Ganzheit leben und funktionieren können. Ihre halbherzigen Versuche, alle Lebensbereiche unter einen Hut zu bringen, scheitern.

So mag jemand ein recht erfolgreicher Geschäftsmann sein, versagt aber in seinen persönlichen Beziehungen. Ein anderer ist zwar ein Gesellschaftslöwe, aber nicht fähig, sich seinen Lebensunterhalt ordentlich zu verdienen. Oder jemand ist ein genialer Handwerker, jedoch unfähig zum Organisieren und zum Planen. Genies verlieren den Zugang zu ihren Gefühlen ... Das sind nur einige von vielen Beispielen.

All diese Menschen könnten erfüllt und glücklich leben, wenn sie versuchten, ihre Bedürfnisse und Erwartungen ins Gleichgewicht zu bringen.

Isidore Friedman umreißt in seinem Buch *The Mathematics of Consciousness* die fünf Gebiete, die ausgewogen und gut und sicher in das Leben jedes einzelnen eingebaut werden müssen.

Das sind die

körperlichen Aspekte: Nahrung, Kleidung, gute Gesundheit, Sport; die
mentalen Aspekte: intellektuelle Fähigkeiten, mentale Interessen, die Fähigkeit zu Kontakten und Interessenteilung; der
finanzielle Aspekt: Karriere, genug Geld zu verdienen, um gesund und behaglich leben zu können, und zwar Geld mit dem zu verdienen, was man gerne tut; der
soziale Aspekt: Freunde, Beziehungen zu Leuten der eigenen Art, Liebe, das Gefühl, verstanden zu werden und der
spirituelle Aspekt: Suche nach Sinn und Zweck des Lebens, inneres Wachstum.

Unglücklichsein, Enttäuschungen und fast alle anderen psychischen Leiden können auf ein Ungleichgewicht der Funktion eines oder mehrerer dieser Gebiete zurückgeführt werden. Friedman bedient sich zur Darstellung dieser Aspekte eines fünfzackigen Sterns (Abbildung 6), um zu bestimmen, welches Lebensgebiet unausgeglichen ist und wo Korrekturen vorzunehmen sind.

Kopieren Sie sich diesen Stern auf ein großes Blatt Papier.

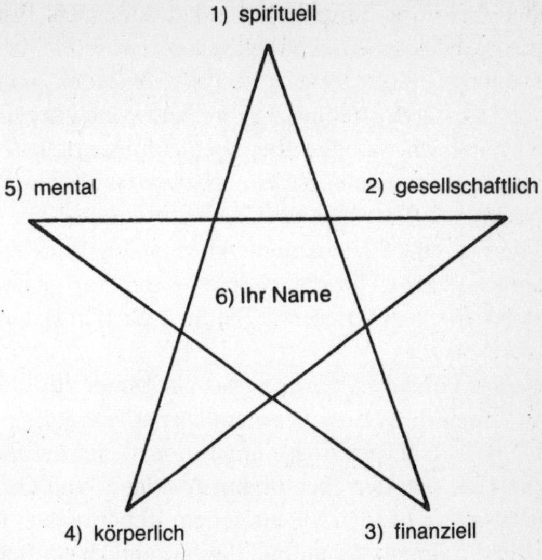

Abb. 6 Friedmans Fünfzackenstern-Karte

In die Mitte des Sterns schreiben Sie Ihren Namen oder den Namen der Person, die Sie gerade überprüfen wollen. Halten Sie das Pendel über jede einzelne Sternzacke und fragen Sie: »Bin ich auf diesem Gebiet meines Lebens unausgeglichen?« Das Pendel wird genau anzeigen, wo und in welchem Maße Sie unausgewogen sind. Dann fragen Sie: »Braucht dieses Gebiet mehr Aufmerksamkeit? Weniger Aufmerksamkeit? Soll dieser Bereich im Moment mit Vorrang behandelt werden?«

Halten Sie alle Ergebnisse schriftlich fest. Notieren Sie zu den Antworten auch die Stärke und Weite des Pendelschwungs. Anschließend sollten Sie für sich selbst überlegen, wie Sie Ihre unterentwickelten Lebensräume aktivieren und die zu stark entwickelten Fähigkeiten drosseln können.

Haben Sie zum Beispiel anhand des Pendels feststellen müssen, daß das gesellschaftliche Gebiet von Ihnen zu stiefmütterlich behandelt wird, so sollten Sie versuchen, neue Freunde zu finden, öfter auszugehen und kontaktfreudiger zu werden. Vielleicht sind Sie aber auch auf finanziellem Gebiet zu aktiv; dann brauchen Sie ein geistiges Gegengewicht zum Ausgleich.

Wichtig ist, alle Lebensräume gleichmäßig stark zu leben. Die Sprache Ihres Unterbewußten — sichtbar gemacht mit dem Pendel — sagt Ihnen, wie Sie Ihr Leben in Balance halten können.

Mit dem Pendel haben Sie also ein Mittel zur ständigen Überwachung Ihres Energiepotentials zur Hand. Es ist angebracht, diese Überprüfung einmal monatlich vorzunehmen. Bedienen Sie sich der Technik mit Ausdauer und Gewissenhaftigkeit, dann werden Sie auf jedem Lebensgebiet belohnt und zwar in einem Verhältnis, das wesentlich größer ist als die dafür aufgewandte Zeit und Mühe.

11 Das Pendel und die dynamische Selbstheilung

Zu Beginn dieses Jahrhunderts gab Dr. Albert Abrams, Professor der Pathologie an der Universität Stanford, Kalifornien, seinen Medizinstudenten eine Demonstration, die der meines Freundes Greg ähnelte. Er wählte den kräftigsten und gesündesten Studenten aus, ließ ihn vor die anderen hintreten, drehte ihn so, daß sein Körper dem magischen Westen zugewandt war und begann, seinen Bauch abzuklopfen. Man hörte, wie erwartet, keine ungewöhnlichen Geräusche. Die Perkussion ergab die hohlen Töne einer normalen, gesunden Person.

Anschließend brachte Dr. Abrams einen Krebspatienten herein, der in den Sechzigern stand und sich in einem fortgeschrittenen Krankheitsstadium befand. Der Doktor perkutierte den Magen des Mannes, und unter dem linken Rippenbogen, im oberen Bauchteil, ergab sich ein dumpfes Geräusch. Es klang so, als sei diese Bauchzone mit einer kranken Substanz gefüllt und nicht mit gesundem Gewebe.

Nach dieser Untersuchung wurde ein Tuberkulosepatient hereingebracht. Dr. Abrams perkutierte den Bauch des Kranken direkt unterhalb des Nabels, und wieder kam das dumpfe Geräusch.

So wurde ein Patient nach dem anderen vor der Klasse perkutiert. Die Krankheiten reichten von Krebs bis zur Meningitis, von Lungenentzündung bis zur gewöhnlichen Erkältung, doch als Dr. Abrams den Bauch der Patienten abklopfte, war das Ergebnis immer dasselbe. Jede Krankheit erzeugte in bestimmten Bauchzonen des betreffenden Patienten ein dumpfes Geräusch. Jede Krankheit schien also auf einzigartige Weise die Nervenreflexe des Patienten zu beeinflussen.

Allein diese Erkenntnis hätte Dr. Abrams einen hervorragenen Platz in der Geschichte der Medizin gesichert, aber er ging noch einen Schritt weiter. Er befestigte Elektroden an einem Kästchen, das variable Widerstände enthielt, und verband den Krebspatienten mit einem gesunden Studenten. Mit dem Kranken befaßte er sich im Moment nicht weiter, sondern perkutierte den Bauch des Gesunden.

Wie erwartet fand der Doktor bei dem gesunden Studenten am gleichen Punkt wie beim Patienten das dumpfe Geräusch. Mit anderen Worten: Eine Krankheit in einer Person konnte elektronische Reaktionen im gesunden Körper eines anderen auslösen. Wenn man also zwischen den Wellenlängen der verschiedenen Krankheiten differenzieren konnte, dann mußte auch die Möglichkeit bestehen, mit Hilfe gesunder Menschen Krankheitsherde in anderen zu entdecken. Das Nervensystem eines gesunden Menschen konnte also zum Diagnosewerkzeug werden. Mit dieser Erkenntnis war die Wissenschaft der medizinischen Radiästhesie und der Radionik geboren.

In der Hand des medizinischen Fachmannes ist das Pendel oder die radiästhetische Methode, korrekt eingesetzt, vielleicht das genaueste und gründlichste Diagnosegerät, das der Menschheit bekannt ist. Die Fähigkeit, die den Wünschelrutengänger zusammenzucken läßt, wenn er in Wassernähe kommt, und die auch in Dr. Abrams Studenten ganz spezifische Nervenreflexe hervorrief, wird nun dazu benützt, Krankheiten zu entdecken.

Es gibt zahlreiche verschiedene Methoden, um mit dem Pendel Krankheiten zu diagnostizieren. In England, Frankreich und Italien benutzen Ärzte das Pendel schon seit Jahren und betrachten es als wesentlichen Teil ihrer medizinischen Praxis.

Im Gegensatz zu Deutschland gibt es in diesen Ländern eine umfangreiche Literatur zur Pendelheilung und jeder Praktiker schwört auf seine eigene Methode.

In diesem Buch wollen wir uns nur mit den einfachsten Möglichkeiten beschäftigen, die nicht nur von Ärzten bei Patienten, sondern auch von den Laien selbst eingesetzt werden können.

Entdeckung einer Krankheit

Skizzieren Sie einen menschlichen Körper oder zeichnen Sie den in Abbildung 7 vorgegebenen nach. Ihre Zeichnung braucht nicht künstlerisch zu sein, sie muß nur eine allgemeine Idee davon vermitteln, wo die einzelnen Körperteile tatsächlich sind. Der Zweck dieses Diagramms ist, Ihnen bei der Konzentration zu helfen und dafür zu sorgen, daß Ihre Ge-

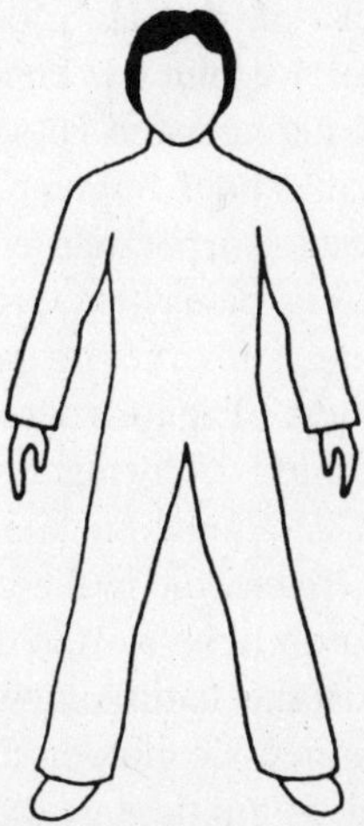

Abb. 7 Diagramm des menschlichen Körpers zur Unterstützung der Konzentration

danken in starker Resonanz zu der Person stehen, die Sie überprüfen. Schreiben Sie den Namen des Menschen, auf den Sie sich konzentrieren wollen, über die Zeichnung. Viele Pendler benutzen ›Muster‹ der Patienten oder ›Zeugen‹, wie sie in der medizinischen Radionik genannt werden. Sie lassen sich eine Haarsträhne, eine Urinprobe, einen Tropfen Blut oder Speichel von der betreffenden Person geben und legen dies auf das Diagramm. Wir haben allerdings herausgefunden, daß sich ein geübter Geist auch ohne ein solches Muster konzentrieren kann, aber wenn Sie persönlich es für nützlich halten, wenden Sie's an. Halten Sie das Pendel über das Diagramm und bewegen Sie es langsam über die verschiedenen Körperabschnitte. Fragen brauchen Sie jetzt noch nicht zu stellen. Ist der Körperteil, den Sie überprüfen, normal, so schwingt das Pendel schön glatt im Uhrzeigersinn. Sie haben dabei in Ihrem Arm ein gutes, angenehmes Gefühl.

Tasten Sie mit dem Pendel langsam und konzentriert alle Körperzonen ab; den Kopf, den Hals, den Leib, die Arme und Beine und so weiter. Beginnt das Pendel an irgendeinem Punkt entgegen dem Uhrzeigersinn zu schwingen, oder bewegt es sich unregelmäßig oder hüpfend, so können Sie sicher sein, daß von dieser Körperzone eine unausgewogene Energie abstrahlt. Etwas ist da nicht in Ordnung.

Da das Diagramm nicht übermäßig genau ist, kann man natürlich nicht detailliert diagnostizieren, welches Organ oder Gewebe die ungesunden Schwingungen verursacht.

Festgestellt ist zunächst einmal nur die Problemzone. Der zweite Schritt ist, alle Organe, die in dieser Zone liegen, aufzulisten. Haben Sie anatomische Karten dieser Körperregionen zur Verfügung, so ist das natürlich ein wesentlicher Vorteil. Anschließend beginnen Sie mit dem Eliminationsprozeß und fragen das Pendel: »Funktioniert dieses Organ nicht?« Achten Sie genau auf die Antworten. Schwingungsstärke und Schwingungsradius sagen schon viel über den Krankheitsgrad der gestörten Organe aus. Die gleiche Frage stellen Sie bei allen Begriffen, die auf Ihrer Liste stehen. Auf diese Weise können Sie die Krankheitsherde genau lokalisieren.

Der nächste Schritt ist, die Fragen noch weiter zu präzisieren. Versuchen Sie also herauszufinden: Ist das Organ entzündet? Ist es überaktiv? Ist es unteraktiv? Das Pendel wird Ihnen bei einer klaren Fragestellung auch klare Antworten geben. Auf jeden Fall ist gerade bei dieser Diagnose eine gute Kenntnis der Anatomie und Physiologie von Vorteil. Sie wird Ihnen helfen, die richtigen Fragen zu stellen.

Das Faszinierende der Pendeldiagnose ist, daß der Patient nicht persönlich anwesend zu sein braucht. Sie benötigen nur den Namen und Ihr Diagramm oder Anatomiekarten. Ist die Person aber anwesend, so halten Sie nur das Pendel über die verschiedenen Körperteile. In diesem Fall brauchen Sie keine Karten. Aber im Grunde bleibt die Art Ihres Vorgehens die gleiche.

Wenn Sie eine Ferndiagnose stellen oder, wie ich später erklären werde, eine Fernbehandlung durchführen, so bedienen Sie sich der Technik der Teleradiästhesie. Sie arbeitet nach den gleichen Prinzipien wie TV- oder Radiowellen; Sender und Empfänger sind der menschliche Geist.

Fein- und Ganzheitsdiagnose

Einer der Gründe für das häufige Versagen der modernen Medizin und die Zunahme anderer Heilungssysteme — Kräuter, Chiropraktik, Homöopathie, Akupunktur und Reflexologie — ist die Tatsache, daß in der (klassischen) Schulmedizin oft von falschen Voraussetzungen ausgegangen wird.

Die meisten Ärzte behandeln das menschliche Wesen als einen *Körper,* sie behandeln das Symptom, ohne sich um die Ursache der Krankheit zu kümmern. Jene, die auch psychologische Faktoren mit heranziehen, neigen oft dazu, den multidimensionalen Organismus, also das Ganze, aufzuteilen. Sie sehen den Menschen als Körper UND Geist, oder als Körper

UND Seele, aber nicht als eine Einheit von Körper-Geist-Gefühl, die auch als Ganzes funktioniert, deren einzelne Teile miteinander verbunden sind und aufeinander wirken; jeder Teil wird also von den anderen Teilen beeinflußt und strahlt auf alle anderen Teile wieder zurück.

Überlegen Sie sich einmal die Folgen dieser falschen Einstellung. Ist der Mensch nichts als ein Körper, dann ist es absolut logisch, die Mißfunktion dieses Körpers so zu korrigieren, wie man eine Maschine oder ein Instrument repariert, wenn es falsch funktioniert. Bei der Maschine wechselt man das Teil aus, das die Fehlsteuerung verursacht hat, und wir wissen, daß es für jede Maschine zahlreiche Ersatzteile gibt. Warum schneidet man also einen schadhaften Körperteil nicht einfach heraus und ersetzt ihn durch einen ›neuen‹?

Dem Körper werden barbarische Dinge angetan, wenn man die Ganzheitsaspekte nicht kennt und keine Ahnung hat, wie sich irgendeine Fehlsteuerung dieser Ganzheit auf den gesamten Organismus auswirkt. Schlimm sind also die groben Diagnose- und Testmethoden und auch die technischen Geräte, die von den Praktikern benützt werden.

Einer meiner Freunde wäre nach einer an sich harmlosen Bruchoperation im Krankenhaus fast gestorben und zwar nicht an der Krankheit, sondern an den unzähligen Tests, denen er unterworfen wurde. Mein Freund ist ein sehr sensibler Mann mit einem hochempfindsamen Nervensystem. Diese Tatsache beachtete man nicht, das heißt, der Arzt war sich ihrer gar nicht bewußt. Man machte ihm ein Bariumklistier, bombardierte ihn mit gefährlichen Röntgenstrahlen und behielt ihn in einem großen, lauten Krankensaal, wo er überhaupt nie zur Ruhe kommen konnte. Solche Sachen kommen häufig vor.

Mit einem so einfachen Werkzeug wie dem Pendel kann ein geübter Praktiker, der bereit ist, in die Geheimnisse dieser Kunst einzudringen, alles genau und sicher diagnostizieren und zwar ohne Nebenwirkungen für den Patienten. In

Europa ist die Pendeldiagnose schon alltäglich. Schon der Hinweis darauf, daß es eine bessere Methode gibt, sollte die Gesundheitsbehörden eines Landes veranlassen, ein paar Millionen zur Erforschung der Radiästhesie zur Verfügung zu stellen. Für neue, leistungsfähigere Maschinen, die den Organismus vergewaltigen, werden Milliarden ausgegeben, sehr wenig aber für den Menschen, der doch das empfindsamste und genaueste Detektor-Instrument ist, das wir heute kennen.

Daß die moderne Medizin nur die Krankheit und deren Symptome behandelt und die Ursachen einfach vergißt, ist nicht nur eine häufig wiederholte Kritik, sondern fast schon ein Klischee. Aber wie könnte diese falsche Einstellung geändert werden? Wie kann man zu den Ursachen einer Krankheit vordringen, wenn man die ›höheren Oktaven‹ der menschlichen Struktur, den subtilen Teil des Körpers ignoriert?

Dieser feine oder Subtilkörper des Menschen ist seit vielen Jahrtausenden bekannt. Alte und moderne Seher haben dessen Existenz bestätigt und ihn eingehend beschrieben. Radiästhetische und radionische Forschungen bestätigen diese Tatsache. Weitere Beweise liefert auch die Hochspannungsfotografie (Kirlian-Fotografie), die ätherische, astrale und mentale Phänomena tatsächlich aufzeichnet.

Neben dem Körper, der im Grunde nichts anderes ist als der physische Raum für die Energie des Menschen, besteht die subtile Anatomie zusätzlich aus einem ätherischen Körper, den man manchmal als Aura bezeichnet, einem astralen oder emotionellen und einem mentalen Körper. Das wahre Wesen des Menschen liegt außerhalb dieser Körper. Sie sind nur eine Art Träger, durch die die ›Kraft des Bewußtseins‹ oder die ›angeborene Intelligenz‹ wirken kann. Der *physische* Körper ist das Mittel, durch das sich die Kraft des Bewußtseins in Handlung ausdrückt. Der *ätherische* Körper versorgt den physischen Körper mit Energie und belebt ihn. Für den physischen Körper ist er das, was die Sanitär- und Elektroinstallation für ein Haus ist. Er liefert dem physischen Körper die notwendige Vitalität und Energie. Der emotionelle Körper ist zuständig für Sensibilität, Intuition und Gefühl, während der mentale Körper mit unserem Verstand gleichzusetzen ist. Er erklärt die Gefühle.

Bei einem gesunden Menschen sind all diese Körper aktiv und harmonieren miteinander. Die meisten Krankheiten beginnen im inneren Körper — also auf der Gefühlsebene. Können sie dort nicht erkannt und geheilt werden, so arbeiten sie sich durch die einzelnen Schichten der anderen Körper, bis sie sich als greifbares somatisches Leiden manifestieren.

So behandeln also die meisten Ärzte, wenn sie den kranken Körper behandeln, nur das Endergebnis eines langen krankheiterzeugenden Prozesses aus den inneren Ebenen.

Über das Entstehen von Krankheiten wurden viele Theorien entwickelt. Einige moderne Wissenschaftler vertreten die Ansicht, der Mensch werde von einem kosmischen Strahl am Leben erhalten. Wird die Energie dieses Strahles irgendwie blockiert, dann läßt im Ausmaß dieser Blockierung die Vitalität und die Stärke des Organismus nach. Und diese nachlassende Energie ist der Beginn jeder Krankheit.

Gut zwanzig Millionen Amerikaner konsultieren Chiropraktiker und Bioenergetiker, weil sie den Glauben an die reine Schulmedizin aufgegeben haben. Und tatsächlich zeigen die Statistiken dieser Heilpraktiker überraschende Erfolge. Warum? Dr. Arnold Forster, ein führender Chiropraktiker, praktischer Arzt, Dozent und Schriftsteller, gibt folgende Erklärung: »Die ganze Kunst der Chiropraktik beruht auf der Annahme, der Körper heile sich selbst. Kein Chiropraktiker würde je von sich behaupten, er sei derjenige, der eine Heilung bewirke. Er hilft nur der natürlichen Intelligenz, indem er Energieblockierungen im Organismus beseitigt, damit die blockierte Energie wieder frei fließen kann.«

Man könnte es also als sicher annehmen, daß jede Krankheit, ob sie sich nun im physischen oder in einem der feineren Körper manifestiert, von einer Sperre ausgelöst wird, die den freien Fluß der natürlichen Lebensenergie verhindert. Jeder Block in den feineren Körpern verhindert, daß die kosmischen Energien richtig in uns eindringen können. Darum ist es so ungeheuer wichtig, bei der eigenen Behandlung oder der eines Familienmitgliedes zu wissen, wo sich dieser Block befindet und wo seine Wurzeln liegen. Denn über eine Tatsache gibt es keine Zweifel: ist jemand krank, so existiert irgendwo in seinem Wesen eine Energieblockade. Und diese Blockade ist feststellbar: Nehmen Sie ein Blatt Papier und überschreiben Sie es mit Ihrem Namen oder mit dem Namen des Menschen, den Sie überprüfen wollen.

Unter dem Namen werden die Worte:

PHYSISCHER KÖRPER
ÄTHERISCHER KÖRPER
ASTRALKÖRPER
MENTALER KÖRPER

geschrieben.

Halten Sie das Pendel über das Blatt und zeigen Sie mit der linken Hand auf das Wort PHYSISCHER KÖRPER. Fragen Sie: »Ist der physische Körper von XY gesund?« Schwingt das Pendel positiv, dann ist der physische Körper im Gleichgewicht, schwingt es negativ, so ist das ein Zeichen für gesundheitliche Probleme. Schreiben Sie immer das Ergebnis — ob positiv oder negativ — neben das Wort.

Nun wiederholen Sie das gleiche bei den Wörtern ÄTHERISCHER KÖRPER, ASTRALER KÖRPER UND MENTALER KÖRPER. Schwingt das Pendel bei nur einem der vier Worte negativ, so verfügt der untersuchte Mensch über eine relativ gefestigte Gesundheit. Bei zwei Negativ-Ergebnissen liegt schon eine Gesundheitsgefährdung vor.

Drei negative Antworten sind ernst; es bedeutet meistens, daß die betreffende Person sehr viel Ruhe braucht. Vier negative Antworten sind überaus ernst; meistens ist es sogar ein dringender Notfall. Erhalten Sie über eine längere Zeit vier negative Ergebnisse, so steuert der Patient wahrscheinlich auf einen völligen Zusammenbruch zu.

Jeder der Körper hat ganz bestimmte Behandlungsgesetze. Den physischen Körper behandeln Sie mit physischen Mitteln: Diät, körperlichen Übungen, Massage und, falls nötig, mit Medizin. Liegt ein struktureller Schaden vor, so mag eine chirurgische Behandlung angezeigt sein.

Der ätherische Körper kann mit rhythmischen Atemübungen und rhythmischen Bewegungen, frischer Luft, Sonnenschein und Bädern behandelt werden. Schwingt das Pendel bei der Untersuchung des physischen und des ätherischen Körpers negativ, so muß für viel Ruhe gesorgt werden. Der Kranke kann unter großer Müdigkeit leiden und das ist in unserer hektischen Zeit nicht gerade selten.

Ein kranker emotioneller Körper kann mit kreativer Beschäftigung, mit guten, ausgeglichenen gesellschaftlichen Beziehungen, aber auch mit Farbtherapie und guter Musik geheilt werden.

Die Behandlung des mentalen Körpers ist besonders schwierig. Manchmal ist die Lesung auch nur zeitweise negativ. Meine Erfahrungen haben mich gelehrt, daß diese negativen Schwingungen oft von einem zu starken Grübeln ausgelöst werden, das eine mentale Müdigkeit mit sich bringt. Erst wenn die Lesung des mentalen Körpers über längere Zeit negative Ergebnisse aufweist, sollte man seine eigenen oder die Gedankenmuster des Patienten überprüfen, um herauszufinden, woher und aus welchen Bereichen die negativen Gedanken kommen.

Eine Therapiemöglichkeit wäre auf jeden Fall, neue mentale Interessen zu entwickeln, um positiver zu denken. Aber auch die Fähigkeit des Abschaltens, um dem Geist eine Ruhepause zu gönnen sowie Meditation und Konzentrationsübungen würden helfen.

Wer viel mit Kranken zu tun hat, könnte den Heilungsprozeß seiner Patienten merklich beschleunigen, wenn er lernen würde, auch die feineren Körper zu diagnostizieren und zu heilen.

Wenn ein Arzt zum Beispiel ein körperliches Leiden behandelt und herausfindet, daß die Ursache der Krankheit in einem der feineren Körper zu suchen ist, so kann und soll er durchaus fortfahren, die körperlichen Symptome zu behandeln, damit sich das Gefühl des Unbehagens erleichtert, aber gleichzeitig sollten auch der oder die feineren Körper angemessen behandelt werden, so daß eine raschere und dauernde Heilung erzielt werden kann.

Wahl des Arztes

Wenn wir durch Unkenntnis der Lebensgesetze oder durch schlechte Gewohnheiten krank werden (unausgeglichen, unbehaglich) und die Krankheit auf unsere eigenen Heilungsbemühungen nicht anspricht, so ist der nächste wichtige Schritt im Heilungsprozeß die Wahl des besten Arztes oder Therapeuten. Wie in jedem anderen Beruf gibt es auch bei den Heilberufen Könner und Mittelmäßige. Und selbst unter den Könnern sind einige Ärzte gerade für Sie besser als alle anderen. Das hat sehr viel mit der Vibrationsharmonie zu Ihnen zu tun, die vor allem zur Zeit Ihrer Behandlung von größter Wichtigkeit ist.

Die meisten Ärzte sind gerade deshalb bei der Therapie ihrer Patienten so erfolgreich, weil sie durch die Stärke und Stabilität ihrer Aura wesentlich mehr Energie ausstrahlen und weitergeben als durch die verordneten Medikamente. Beides ist für den Heilungsprozeß wichtig und notwendig.

Um sicherzustellen, daß Sie das Beste aus beiden Faktoren bekommen und so Ihre Heilungschancen verbessern, benutzen Sie bei der Wahl Ihres Arztes am besten das Pendel. Den Vorgang der Auswahl habe ich bereits in den vorangegangenen Kapiteln beschrieben. Machen Sie eine Liste der Möglichkeiten und halten Sie das Pendel über jeden Namen. Fragen Sie: »Ist das im Moment der richtige Arzt für mich?«

Ein weiterer Test, um die Stärke und Intensität der Schwingungen festzustellen, ist wie folgt: Schreiben Sie Ihren Namen neben den des Arztes und halten Sie das Pendel über beide Namen. Fragen Sie: »Sind wir in Übereinstimmung?« Prüfen Sie Ihre Antwort nach. Es wäre nicht klug, einen Arzt zu konsultieren, mit dem eine Unverträglichkeit besteht, egal wie viele andere Menschen ihn maßlos bewundern. Vergessen Sie nicht, daß es sich bei der Arbeit mit dem Pendel um dynamische Energien und nicht um Logik handelt.

Therapien — Behandlungen von Krankheiten

Da das Pendel wie ein Seismograph auf die Bedürfnisse des menschlichen Nervensystems reagiert, beschränkt sich sein Nutzen nicht nur auf die Diagnose. Setzen Sie es auch dann ein, wenn es um die Dosierung, Frequenz und Auswahl von Medikamenten geht.

Diät

Dr. Alfred Pecora, ein bekannter Ernährungswissenschaftler, ist der Meinung, daß die meisten Krankheiten auf falsche Eßgewohnheiten zurückzuführen sind. Nicht allen von uns sind die Ernährungsgrundsätze des menschlichen Körpers bekannt und selbst manche Ärzte spielen die Bedeutung eines ausgewogenen Stoffwechsels gelegentlich herunter.

Ich kenne viele, die bei der Fütterung ihrer Haustiere wesentlich sorgfältiger und bewußter vorgehen, als beim Einkauf von Lebensmitteln für sich selbst. Auch bei der Auswahl des richtigen Treibstoffes für ihr Auto, ihr Boot oder sonst einer Maschine achten Sie mehr auf Qualität und informieren sich wesentlich besser, als beim Mitnehmen von Süßigkeiten für ihre Kinder. Richtige Eßgewohnheiten könnten nicht nur die meisten Krankheiten verhindern, sondern auch das Gefühl des Unbehagens ausschließen; man müßte also nur auf gesunde, unverfälschte Lebensmittel zurückgreifen und einen vernünftigen Diätplan ausarbeiten, um sich wieder wohlzufühlen.

Arthritis zum Beispiel ist, wie Dr. Pecora sagt, ein typisches Leiden falscher Ernährung. Die medizinische Wissenschaft bezeichnet diese Krankheit als ›unheilbar‹, aber es gibt viele dokumentierte Fälle einer Heilung, die allein auf eine bewußtere Diät zurückzuführen sind. Gerade dieser Krankheit könnte durch Rohkost und dem Vermeiden von Zucker und Kohlehydraten vorgebeugt werden.

Die richtige Ernährung für einen bestimmten Menschen ist genauso einmalig, wie seine Fingerabdrücke und Körpermaße. Was für den einen ausgezeichnet sein kann, schadet einem anderen. Schon allein deshalb rate ich davon ab, blindlings einer Wunderdiät zu folgen, die angeblich allen gleichermaßen zu strahlender Gesundheit und Schönheit verhilft.

Jeder von uns ist eine individuelle Persönlichkeit mit ebenso individuellen Bedürfnissen. Eine Diät sollte sich dieser Persönlichkeit anpassen und nicht umgekehrt.

Das Pendel ist eine unschätzbare Hilfe beim Erstellen eines maßgeschneiderten Diätplanes. Es ist überflüssig, zahllose Bücher zu studieren und selbst Ernährungsexperte zu werden. Sie halten nur das Pendel über ein bestimmtes Nahrungsmittel und fragen: »Ist das im Moment gut für mich?« Das Pendel wird Ihnen genau anzeigen, ob das, was Sie essen wollen, positive oder negative Schwingungen ausstrahlt. An dieser Stelle möchte ich einige interessante Einzelheiten über Lebensmittel, die in den meisten Diätbüchern nicht erwähnt sind, einfügen. Ganz allgemein gesehen, kann ein bestimmtes

Nahrungsmittel, das grundsätzlich gut für Sie ist, in gerade diesem Moment Ihre Stimmung, Ihre Energie und Ihre Gesundheit negativ beeinflussen; das gleiche gilt im umgekehrten Fall: etwas, das Sie normalerweise ablehnen würden, kann zu einer ganz bestimmten Zeit notwendig sein, um ein Manko im Körper auszugleichen.

Ohne das Pendel würde uns die Dynamik der Lebensmittel nicht bewußt und wir wären gezwungen, nach Theorien und allgemeinen Grundsätzen zu leben, ohne zu jenen Dingen Zugang zu finden, die für unsere Körperstruktur und unsere Lebensweise momentan von größter Bedeutung sind.

Dr. Arnold Forster hat mich auf einen weiteren interessanten und wichtigen Ernährungsfaktor aufmerksam gemacht: zwei bestimmte Lebensmittel mögen beide gut für Sie sein, wenn Sie jedes für sich allein essen. Miteinander vermischt aber können sie sich schädlich auswirken, weil die Energie des einen die des anderen stört. So kann es etwa bei Säuren und Stärken vorkommen, daß das eine die Verdauung des anderen blockiert und darunter würde das ganze Verdauungssystem leiden.

Die Zusammensetzung verschiedener Lebensmittel ist ein Gebiet, das Sie mit dem Pendel sicher und genau nachprüfen können. Halten Sie das Pendel über irgendeine Zusammenstellung von Lebensmitteln und fragen Sie: »Sind diese beiden Gemüsesorten miteinander verträglich?« Die Vorgehensweise ist die gleiche wie bei anderen Verträglichkeitsprüfungen und Analysen. Wenn Sie Ihr Pendel zur Überwachung Ihres Stoffwechsels einsetzen, ersparen Sie sich nicht nur hohe Arztkosten, sondern können auch Ihr Leben bewußter genießen und bedeutend verlängern.

Vitamine

Vor etwa fünf Jahren unterlag ich einem schweren Streß infolge von Krankheit und Tod eines nahen Familienmitgliedes.

Die Krankheit des Verwandten hatte zwei Jahre gedauert und als alles vorüber war, wurde ich selbst krank. Mein Hausarzt machte alle möglichen und unmöglichen Tests mit mir und sagte mir nach einer Blutuntersuchung, ich hätte Mononukleose und müßte für sechs oder acht Wochen ins Krankenhaus.

Nachdem ich meinen Verwandten zwei Jahre lang in verschiedenen Krankenhäusern ständig besucht hatte, verspürte ich keine Lust, auch nur eines von außen zu sehen. Ich zog es daher vor, mein Glück zu Hause zu versuchen, selbst wenn ich damit meine Genesung hinauszögerte.

Ich sprach mit einem Freund über das Problem und dieser machte mich mit einem Meisterpendler bekannt. Der Mann gab mir telefonisch seine Diagnose durch und meinte, ich würde an einem schweren Vitaminmangel leiden. Er schlug mir eine lange Liste von Vitaminpräparaten vor, die ich nehmen sollte, gab mir die jeweilige Dosis an und auch, wie oft ich sie nehmen müsse. Ich folgte seinem Rat und fühlte mich bereits nach drei Tagen kerngesund. Als ich zu meinem Hausarzt ging, wurde dort wieder eine Blutuntersuchung vorgenommen. Zwei Tage später kam die Analyse vom Labor zurück und versetzte meinen Hausarzt in größtes Erstaunen. Er konnte es nicht fassen, daß alle Spuren der Krankheit völlig aus dem Blut verschwunden waren und ich mich selbst innerhalb so kurzer Zeit hatte heilen können.

Das war der Beginn meiner Bekanntschaft mit den segensreichen Wirkungen der Vitamine. Seitdem nehme ich sie regelmäßig und habe sogar meine früher häufigen und schweren Erkältungen außerordentlich günstig beeinflußt, denn ich neigte schon von jeher zu Halsschmerzen und sonstigen Erkältungen. Ich kenne viele andere Leute, die ähnliche Erfahrungen machten wie ich.

Gerade bei Vitaminen ist es nicht einfach, die richtige Art und Menge und die Häufigkeit der Einnahme festzulegen. Da sich jeder Mensch ununterbrochen verändert, sind auch die ihn beeinflußenden Belastungen und die Energievorräte veränderlich. Zusätzlich ist das chemische Gleichgewicht des menschlichen Organismus einem ständigen Wechsel unterworfen, was zur Folge hat, daß auch der Vitaminbedarf ständigen Veränderungen unterliegt. Es ist nicht möglich, diese Veränderungen nach den Anweisungen eines Buches zu überwachen, das nur durchschnittliche Dosierungen empfehlen kann.

Lassen Sie sich also von täglichen Minimaldosen, wie sie etwa von den Herstellern der Vitaminpräparate empfohlen werden, nicht täuschen. Durch eine radiästhetische Analyse fanden wir heraus, daß diese Dosierungen nur in den seltensten Fällen dem tatsächlichen Bedarf der Menschen entsprechen.

Solange Sie sich wohl fühlen, genügt es, einmal wöchentlich oder sogar nur einmal monatlich Ihren Vitaminbedarf zu überprüfen. Stellen Sie eine Liste der wichtigsten Vitamine wie A, C, D, E und die Vitamine des B-Komplexes zusammen; einige Mineralien und Enzyme gehören auch dazu.

Und nun überprüfen Sie mit Hilfe des Pendels, ob und in welcher Dosierung Sie ein bestimmtes Vitamin benötigen. Gibt das Pendel zum Beispiel an, daß Sie Vitamin E brauchen, können Sie fragen: »Soll ich 100 I.E. täglich nehmen?« Brauchen Sie mehr, so schwingt das Pendel positiv, brauchen Sie weniger, ist der Ausschlag negativ. In letzterem Fall wiederholen Sie Ihre Frage mit einer geringeren Dosis, und zwar so lange, bis Sie eine positive Antwort erhalten. Das ist Ihre genaue Dosis, auf Sie zugeschnitten — maßgeschneidert.

Schlägt das Pendel bei 100 I.E. positiv aus, fahren Sie fort, höhere Zahlen zu nennen, bis das Pendel entweder negativ oder unregelmäßig schwingt. Das ist dann die richtige Dosis. Dieser Prozeß ist fast so, als lese man ein elektrisches Meßgerät ab. Das Pendel wird so lange in eine Richtung schwingen, bis Sie die richtige Dosierung gefunden haben.

Viele Hersteller von Vitaminpräparaten bieten Kombinationen an, sogenannte Multivitaminkapseln. Einige sind gut, andere wieder nicht. Wenn Sie nicht zahlreiche verschiedene Pillen und Pillchen nehmen wollen, so entscheiden Sie sich für eine Kapsel, die alles hat, was Sie brauchen. Die Formel dieses Präparats können Sie auch wieder auspendeln.

Sobald Sie die Dosierung kennen und herausgefunden haben, wieviel Sie von jedem Vitamin täglich benötigen, ergibt sich die Folgefrage nach der Zusammenstellung. Sollten Sie alles auf einmal nehmen oder den Tagesbedarf in mehrere Portionen aufteilen?

Stellen Sie immer nur eine Frage und zwar so, daß nur mit »Ja« oder »Nein« geantwortet werden kann. Durch einen Eliminierungsprozeß finden Sie die richtige Antwort.

Bei kranken Personen wird das Pendel sehr oft eine hohe Vitamindosis angeben. Haben Sie deshalb keine Angst, denn das ist normal. Ich habe Leute gesehen, bei denen das Pendel 2000 bis 3000 I.E. von Vitamin E und 10,000 bis 15 000 mg Vitamin C pro Tag anzeigte. Der Körper braucht gelegentlich sehr hohe Mengen gewisser Substanzen, um den Heilungsprozeß zu unterstützen.

Schon allein die Luftverschmutzung — aber auch seelischer und physischer Streß — kann sich auf den menschlichen Organismus so auswirken, daß er mehr Vitamine braucht, um das Gleichgewicht wieder herzustellen.

An dieser Stelle möchte ich noch einmal darauf hinweisen, wie wichtig es ist, mit dem Pendel so viel Geschick zu erwerben, daß Sie ihm auch vertrauen können. Zweifeln Sie bei einer Gesundheitsfrage an Ihren eigenen Ergebnissen, so ist es ratsam, einen anderen, möglichst neutralen Pendler zu bitten, die Resultate noch einmal zu überprüfen.

Zellsalze

Die Cellulartherapie oder das *Biochemische System der Medizin* ist eine neue Behandlungsmethode, die von Dr. Wilhelm Heinrich Schüssler auf der Grundlage von Virchows Zelltheorie aus dem späten neunzehnten Jahrhundert entwickelt wurde. 1858 entdeckte Virchow, daß der Körper mit einer riesigen chemischen Fabrik zu vergleichen ist und daß das, was wir Krankheit nennen, mit Pannen in einer oder mehreren Abteilungen des Chemiewerkes gleichzusetzen ist.

Solche ›Abteilungen‹ sind die anorganischen chemischen Zellbestandteile des Körpers.

Dr. Wilhelm Heinrich Schüssler fand heraus, daß alle Zellen aus drei grundlegenden Elementen bestehen: Wasser, organischer Materie (wie Zucker, Proteine und Fette) und anorganischer Materie, den Mineralsalzen. Diese ›Zellsalze‹, auch Mineral- oder Gewebesalze genannt, sind unerläßlich zur Neubildung von Zellen.

Obwohl diese Salze nur in äußerst winzigen Mengen im Körper vorkommen, spielen sie bei der Bekämpfung von Krankheiten und zur Erhaltung des Körpergleichgewichts eine wesentliche Rolle.

Dr. Schüssler stellte eine umfangreiche Liste von Spurenelementen auf, mit deren Verabreichung unglaubliche Heilungen erzielt wurden. Mit diesen Mineralstoffen können Mangelkrankheiten geheilt werden; die Diagnose aber ist nicht immer einfach. Verabreicht werden diese Spurenelemente in der Form winziger Pillen oder als homöopathische Zubereitungen.

Das Bestechende des Systems von Dr. Schüssler liegt in seiner Einfachheit. Es gibt zwölf Grundsalze, und mit einem oder einer Kombination solcher Salze können sehr viele Krankheiten geheilt werden, vielleicht sogar die meisten.

Die Dosen dieser Spurenelemente sind so winzig klein, daß sie gar keinen Schaden anrichten können, sondern nur einen Mangel im Körper ausgleichen. Eine solche Therapie ist auch nicht dazu bestimmt, Symptome zu unterdrücken, auszuschalten oder Bakterien abzutöten, sondern ihre Aufgabe ist einzig und allein, das chemische Gleichgewicht wieder herzustellen, um den Körper in die Lage zu versetzen, sich selbst zu heilen.

Die zwölf Zellsalze:

1. Kalziumfluorid
2. Kalziumphosphat
3. Schwefelkalzium
4. Eisenphosphat oder Phosphateisen
5. Kaliumchlorid
6. Phosphorkalium oder Kaliumphosphat
7. Kaliumsulphat
8. Magnesiumphosphat
9. Natriumchlorid (Kochsalz)
10. Natriumphosphat
11. Natriumsulphat
12. Siliciumoxid

Diese Salze werden in verschiedenen Verdünnungsgraden von 1 bis 12 angeboten. Je höher die Verdichtung, desto intensiver ist die Wirkung.

Die Gewebesalze gehen direkt in den Blutstrom über und wirken sofort.

Zur Illustrierung: Ich beobachtete meinen Freund, der Silicium gegen ein Furunkel nahm. Innerhalb weniger Minuten hörten wir an dem Arm, wo das Furunkel war, einen scharfen Knacks. Der Schmerz verstärkte sich — er sprach von einer Schmerzexplosion —, und dann ging das Furunkel in der Größe langsam zurück. Es dauerte eineinhalb Stunden, bis es um die Hälfte geschrumpft war. Innerhalb von vier Stunden war das Furunkel ganz verschwunden und er hatte keine Schmerzen mehr.

Bei diesen Wundersalzen ist es ebenso wie bei den Vitaminen; das Problem ist, zu bestimmen, welche Salze gegen welche Leiden einzusetzen sind, in welcher Dosierung und wie oft. Mit dem Pendel können Sie das alles ebenso erfragen, wie bei den Vitaminen und somit verfügen Sie über eine wirklich sichere und wirksame Behandlungsmethode, die Ihnen bisher nicht zugänglich war.

Das Auffinden spinaler Subluxationen

Eine gesunde Wirbelsäule schützt das Rückenmark, das die Verbindung zwischen Gehirn und Körper herstellt. Dieser wichtigste Teil des Zentralnervensystems empfängt sämtliche Impulse, die durch äußere Reize in Form von Berührung, Druck, Schmerz und Temperatur ausgelöst werden. Aber auch innere Reize, die von Sehnen, Gelenken, Blutgefäßen und so weiter ausgehen, werden dem Rückenmark gemeldet und an das Gehirn weitergegeben. Ein krankes oder verletztes Rückgrat blockiert den Fluß der Nervenenergie. Die Folge: verschiedene Nervenreflexe wie z.B. die Regulierung der Muskelspannung, Durchblutung, Hauttemperatur usw. können nicht verarbeitet werden.

Ist ein Wirbel verschoben, sprechen wir von einer spinalen Subluxation. Das ist zwar im Moment nicht lebensbedrohend; hält dieser Zustand aber länger an oder ist eine grundsätzliche Schwäche die Ursache der Wirbelverschiebung, so kann sich daraus ein dauerhaftes Leiden entwickeln. Eine Subluxation kann von einem erfahrenen Chiropraktiker leicht korrigiert werden.

Zur Lokalisierung spinaler Subluxation gibt es verschiedene Methoden. Eine der bei Chiropraktikern beliebtesten ist die Analagraph-Maschine. Sie bedient sich eines Thermoelements, das an der Wirbelsäule entlang über die Haut geführt wird. Wenn dieses Thermoelement einen Wirbel passiert, zeichnet es die davon ausgehende Wärme auf — also auch

Überwärme. Der Arzt braucht nun nur noch die Aufzeichnung zu studieren. Die ›Wärmegipfel‹ sind die Stellen, an denen sehr wahrscheinlich ein Wirbel ausgerenkt ist.

Analagraphmaschinen sind jedoch sehr teuer. Mit einem Pendel kann die gleiche genaue Diagnose erstellt werden. Hierbei hält der Arzt das Pendel über jeden einzelnen Wirbel. Schwingt das Pendel im Uhrzeigersinn, so liegt keine Unregelmäßigkeit vor. An den Stellen, wo der Nervenfluß durch einen ausgerenkten Wirbel unterbrochen wird, zeigt das Pendel negative Schwingungen oder es schlägt unregelmäßig und sprunghaft aus.

Das Faszinierende an der Pendeldiagnose ist, daß diese Untersuchung auch durchgeführt werden kann, wenn der Patient nicht anwesend ist. Schreiben Sie den Namen des zu Untersuchenden über eine Grafik der Wirbelsäule. Konzentrieren Sie sich auf den Menschen und lassen Sie das Pendel über jedem Wirbel schwingen.

Bei dieser Untersuchung führt es die genau gleichen Bewegungen im Uhrzeigersinn oder entgegengesetzt aus, als würde es über dem tatsächlich vorhandenen Körper des Patienten schwingen. Der Laie kann sein Pendel fragen, ob eine spinale Subluxation vorliegt und ob sie so ernst ist, daß ein Einrenken notwendig erscheint. Manche Wirbelverschiebungen sind vorübergehend und geben sich nach einer angemessenen Ruhepause von selbst wieder.

Farbtherapie

Die Farbtherapie, auch Chromotherapie genannt, gehört zu den aufregendsten Forschungsgebieten. Einige der wichtigsten Untersuchungen auf diesem Gebiet sind in den letzten Jahrzehnten von Dr. Max Lüscher, Christopher Hills, George De La Varr, Rudolf Steiner und Isidore Friedman veröffentlicht woren. Wirklich neu ist daran jedoch nichts.

Der therapeutische Einsatz von Farben ist nämlich seit Jahrtausenden bekannt, aber das Wissen beschränkte sich fast ausschließlich auf Esoteriker und Künstler. Einiges von diesem Wissen hat sich bis in die neueste Zeit erhalten. Nicht umsonst sprechen wir von einer ›blauen Stunde‹, sind ›grün oder gelb‹ vor Neid und so weiter.

Die Farbenlehre ist keine physikalische, sondern im weitesten Sinne eine biologische und ein psychologische Wissenschaft. Die Lehre und die Beschäftigung mit Farben geht schon auf Aristoteles zurück, begründet sich aber mehr auf Intuition als auf tatsächliches Wissen.

Heute wissen wir: Farbe ist eine Energie mit einer festliegenden Wellenlänge und Frequenz. Diese Energie kann den menschlichen Organismus beeinflussen. Viele nervlich bedingte Krankheiten konnten schon allein dadurch geheilt werden, indem man den Patienten dazu brachte, die Farbe seiner Schlafzimmertapete zu ändern.

Farbe kann Frieden vermitteln oder die Aktivität anregen. Sie kann eine Stimmung des Vertrauens oder des Mißtrauens erzeugen. Sie regt die mentale Aktivität an oder verursacht einen emotionellen Wirbel. Diese Tatsachen werden von Verhaltensforschern bei Farbplänen für Banken, Büros und große Unternehmen praktisch angewandt.

Farben sind aber auch in der Lage zu heilen. Der erste Schritt zum Einsatz der Farbentherapie ist es, Ihre spezielle Grund- oder Resonanzfarbe herauszufinden. Erstellen Sie sich also eine Karte, wie nachstehend, und benutzen Sie, wenn irgend möglich, für den betreffenen Farbbegriff auch die entsprechende Farbe.

Ihr Name / rot
Ihr Name / orange
Ihr Name / gelb
Ihr Name / grün
Ihr Name / blau
Ihr Name / indigo
Ihr Name / violett

Nun erklären Sie Ihrem Unterbewußtsein, daß Sie Ihre Grundfarbe suchen. Dann halten Sie das Pendel über Ihren Namen und nacheinander über alle Farben. Ihre Grund- oder Resonanzfarbe wird die sein, die den stärksten und regelmäßigsten positiven Schwung auslöst.

Es gibt viele ausgezeichnete Werke über den psychologischen und therapeutischen Wert der verschiedenen Farben, aus denen Sie Ihr Wissen beziehen können. Zu empfehlen sind: Dr. Max Lüscher, *The Lüscher Color Test,* Mary Anderson, *Color Healing,* Christopher Hills, *Nuclear Evolution.*

Haben Sie Ihre Grund- oder Resonanzfarbe gefunden, so sollten Sie sich immer damit umgeben. Kleiden Sie sich mit dieser Farbe — natürlich nur im Rahmen des guten Geschmacks. Sie werden feststellen, daß Sie mehr Energie haben und weniger anfällig für Krankheiten sind. Wenn Sie sich müde oder erschöpft fühlen, genügt es, ein Samtband Ihrer Farbe in der Hand zu halten und es anzuschauen. Malen oder tapezieren Sie Ihr Schlafzimmer in diesen Farben aus, damit Sie, während Sie schlafen, deren Strahlungen auffangen.

Unsere Aura besteht natürlich aus allen Farben des Spektrums in unterschiedlichen Mengen. Das empfindlichste Farbgleichgewicht hat der Astralkörper, und wird dessen Ausgewogenheit gestört, so ist das der Beginn einer Krankheit.

Wenn Sie sich müde oder krank fühlen oder auch nur schlechter Stimmung oder deprimiert, sollten Sie Ihre Aura nach einem Farbmangel überprüfen. Machen Sie folgende Karte:

Rot	Blau
Orange	Indigo
Gelb	Violett
Grün	

Günstig ist es, mit Filzstiften oder Wachskreiden die entsprechenden Farbtöne dazuzumalen. Anschließend halten Sie das Pendel über jede Farbe und fragen: »Fehlt mir Rot? Fehlt mir Orange?« Gehen Sie so die ganze Liste durch. Schwingt das Pendel über einer Farbe positiv, notieren Sie sich das, bevor Sie zur nächsten übergehen.

Bei diesem Test werden Sie wahrscheinlich feststellen, daß ein Manko an zwei oder drei Farben vorliegt. Meine Erfahrungen haben gezeigt, daß das der Norm entspricht. Nur in seltenen Fällen, und zwar nach einer besonders heftigen Gemütsbewegung, brauchen die Menschen mehr als drei Farben oder gar das ganze Spektrum.

Die Farben, bei denen das Pendel einen Minuswert anzeigt, müssen ergänzt werden. Hier bieten sich unterschiedliche Methoden an. Manche Pendler benutzen Farblampen, andere setzen sich für eine ganz bestimmte Zeit unter eine bestimmte Farbe. Wenn Sie sich dieser Technik bedienen, können Sie mit dem Pendel die dazu benötigte Zeit bestimmen. Andere Farbtherapeuten empfehlen ›farbgeladenes‹ Wasser, das die Personen mit Farbmanko trinken. Dazu wird ein Farbfilter auf ein Glas Wasser gelegt, das eine gewisse Zeit lang in der Sonne steht. Die Sonnenenergie dringt durch den Filter in das Wasser ein und lädt es mit der entsprechenden Farbenergie auf.

Auch hier können Sie mit Hilfe des Pendels feststellen, ob und wann das Wasserglas lange genug in der Sonne gestanden ist und wieviel Wasser Sie wie oft trinken sollten.

Eine andere und einfachere Art, Farben in sich hineinzupumpen, ist der gedankliche Weg. Wenn Sie sehr konzentriert an etwas denken, egal an was, dann stimmen Sie sich allmählich darauf ein. Das ist, wie wir herausgefunden haben, die leichteste Methode. Das geht schnell, Sie können es immer und überall tun und brauchen keine teure Ausstattung.

Nehmen wir einmal an, Sie haben einen Rotmangel. Halten Sie das Pendel über Ihre linke Hand und stellen Sie sich vor, wie die rote Farbe zunächst in Ihre Hand und dann weiter in Ihren übrigen Körper strömt. Während Sie das tun werden Sie feststellen, daß das Pendel kräftig in eine positive Richtung schwingt. Die Stärke des Schwunges steht in direktem Verhältnis zur Kraft und Intensität Ihrer Gedanken.

Schwingt das Pendel schwach oder unregelmäßig, so ist das ein Zeichen für mangelnde Konzentration. Es wird lange dauern, bis die benötigte Aufladung erreicht ist. In diesem Fall empfiehlt es sich zu ruhen und es später noch einmal zu versuchen, wenn Sie sich wohler fühlen. Oder bitten Sie einen anderen Menschen, diese Übung mit Ihnen zu machen. Auf diese Art erhalten Sie auch die Kraft Ihres Gegenübers, die sich mit der Ihrigen vereint.

Wenn das Pendel schön kräftig schwingt, so ist das ein Zeichen dafür, daß die Farbe wenig Widerstand findet und gut in Ihr System eindringt. Stellen Sie sich die Farbe so lange konzentriert vor, bis das Pendel seine Schwingungen einstellt. Das ist nämlich ein Zeichen dafür, daß Sie soviel von der Farbe aufgenommen haben, wie Ihr Körper um diese Zeit braucht und mit Sicherheit aufnehmen kann.

Wiederholen Sie diesen Vorgang für jede Mangelfarbe. Danach können Sie den Farbtest zur Kontrolle wiederholen: »Brauche ich noch rot? Orange?« Nehmen Sie so alle Farben noch einmal durch.

Wenn Sie Schwierigkeiten haben, sich die einzelnen Farben vorzustellen, können Sie zur Erleichterung ein Band mit der betreffenden Farbe anschauen oder die Farbtöne direkt neben die Farbbezeichnung malen. Das wird Ihnen helfen, sich die Farbe gut einzuprägen. Bei der Behandlung einer Krankheit sollte auch die Farbtherapie eine Rolle spielen. Sie wird Ihre Anstrengungen unterstützen und sich auf Ihr System segensreich auswirken.

Allgemein gesehen sind warme Farben wie Rot, Orange und Gelb anregende Farben, die Energie vermitteln. Ist jemand lethargisch und unteraktiv, so wird er eine gute Dosis einer dieser warmen Farben brauchen. Kühle Farben wie Blau, Indigo und Violett bremsen und sind gut bei Überaktivität, aber auch zur Fiebersenkung und zum Eindämmen von Entzündungen.

Ich habe gar manche Halsentzündung gesehen, die durch kühle Farben geheilt werden konnte. Ich erlebte auch den Fall einer Prostata-Erkrankung, die allein durch die Farbtherapie geheilt wurde. Ein Freund war in einem Krankenhaus, um sich verschiedenen Tests zu unterziehen. Der Urologe eröffnete ihm, seine Prostata sei vergrößert und hindere den Urinabfluß; das ist eine sehr häufige Krankheit bei älteren Männern. Man operiert hier in der Regel, und diese Operation ist weder schwer noch gefährlich.

Trotzdem überprüften wir mit dem Pendel seinen Farbhaushalt und fanden heraus, daß er Blau, Indigo und Violett braucht, um die Prostata auf die normale Größe schrumpfen zu lassen. Drei Tage lang ›sandten‹ wir von zu Hause aus zweimal täglich diese Farben zu ihm an sein Krankenhausbett. Auch er konzentrierte seine Gedanken so gut wie möglich auf die Botschaften. Nach den drei Tagen kam der Urologe, um noch ein paar Tests zu machen, und er stellte fest, daß der Zustand der Prostata wieder normal war. Ein paar Tage später wurde mein Freund entlassen.

Die Fälle einer Heilung nur durch Farbe sind natürlich selten. Aber es ist so, wie wir sagten, diese Therapie ist eine große Hilfe, wenn sie zusammen mit einer anderen Behandlung durchgeführt wird.

Menschliche Heilkreise

Seit Jahrtausenden gibt es eine Mystik um jene Menschen, die durch direkten Kontakt oder ein ›Händeauflegen‹ heilen können. Nach allem, was die Wissenschaft über die Natur des Universums und des menschlichen Körpers aufgedeckt hat, ist dieses Verfahren durchaus nicht geheimnisvoll und

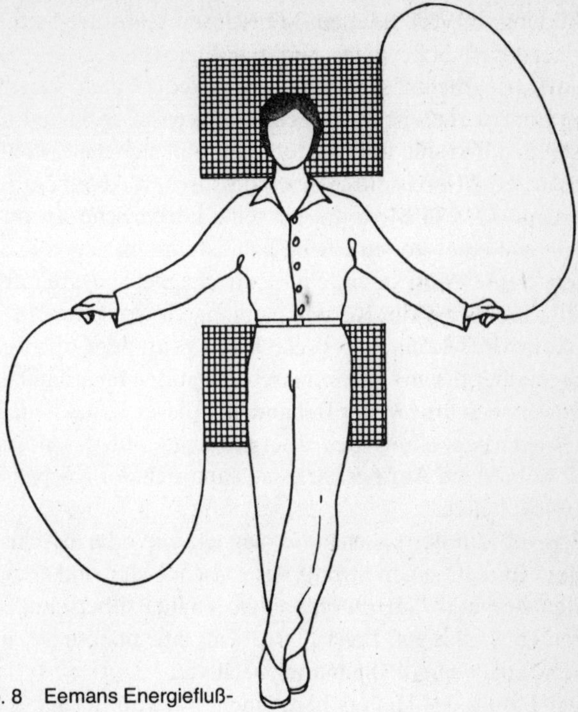

Abb. 8 Eemans Energiefluß-Kreis

fast allen Menschen zugänglich. Aber wir müssen erst einmal die Grundregeln lernen.

Der menschliche Körper ist eine Art komplizierter elektro-chemisch-mechanischer Maschine, außerdem auch noch ein tetrapolarer Magnet. Das ist ein Magnet mit vier Polen.

L. E. Eeman, einer der großen Pioniere auf diesem Gebiet, geht davon aus, daß bei Rechtshändern die rechte Körperhälfte positiv und die linke negativ sei. Der Kopf strahlt positiv zu den Füßen, die Füße negativ zum Kopf. Bei Linkshändern ist der Energiekreislauf genau umgekehrt. (Siehe auch

Abbildung 8.) Verbindet ein Mensch seine positive Seite mit der negativen Seite eines anderen Menschen, so wird ein Stromkreis geschaffen. Zwischen diesen beiden Personen fließt Energie. Das ist wie bei einem elektrischen Stromkreis.

Ist jemand krank, übermüdet oder fühlt sich nicht wohl, so manifestiert sich das durch einen drastischen Abfall der Körperspannung. Ein Mensch, der seine körperliche Spannung ständig auf einer hohen Ebene hält, ist immun gegen Krankheiten. Seine Aura oder sein elektromagnetisches Kraftfeld schützt ihn. Sinkt die Körperspannung ab, so schwächt sich die Aura, die wie eine physische Haut wirkt; der Organismus ist gegenüber negativen Einflüssen von außen ungeschützt.

Der erste Schritt in der Behandlung dieser Krankheiten ist die Wiederherstellung des Energievorrats auf das normale Maß. Sobald die Aura gestärkt ist, kann sich der Körper wieder selbst helfen.

Was tut nun der sogenannte magnetische oder psychische Heiler? Er stellt einen Stromkreis zwischen sich und dem Patienten her und lädt durch seinen Vitalitätsüberschuß den Patienten wieder auf. Das ist fast so, als lade man seine Autobatterie auf, wenn die Spannung nachläßt.

Der Erfolg des Heilers hängt nicht nur von der Kraft seiner eigenen Energien ab, sondern auch von der Länge der Behandlung und der Schaffung des richtigen Stromkreises. Das sind Tatsachen, die inzwischen auch durch Experimente nachprüfbar geworden sind. Mit der Kirlian-Fotografie können tatsächlich Aufnahmen gemacht werden, die bei einer Person im normalen Zustand eine gesunde, helle Aura zeigen. Das Kirlian-Bild desselben Menschen wird, wenn er krank ist, eine schwache, trübe Aura zeigen und das Kirlian-Foto der gleichen Versuchsperson zeigt, nachdem sie in Kontakt mit einem psychischen Heiler war, wieder eine gesunde, helle Aura.

Wenn Sie selbst ein krankes Familienmitglied behandeln wollen, stellen Sie erst einmal fest, ob Sie links- oder rechts-

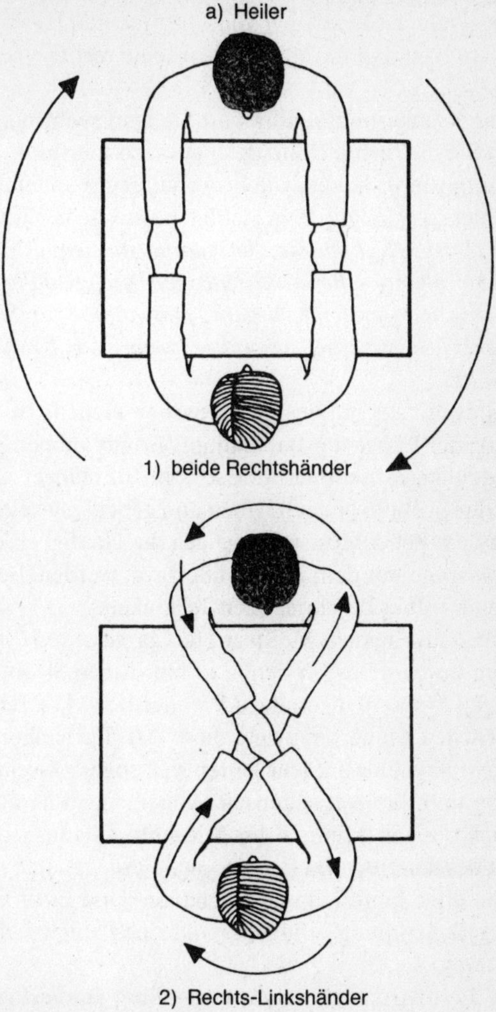

Abb. 9 Position für magnetischen Heil-Stromkreis

händig sind. Sind Sie beide Rechtshänder, setzen Sie sich einander gegenüber. Sie nehmen mit Ihrer rechten Hand die linke des Kranken und mit Ihrer linken seine rechte, wie in Abbildung 9 oben.

Ist der Kranke linkshändig und Sie sind rechtshändig, so nehmen Sie die rechte Hand des Patienten mit Ihrer rechten, die linke mit Ihrer linken, wie in Abbildung 9 unten. Vergessen Sie niemals, daß die Regel lautet: positiv zu negativ.

ACHTUNG! *Kehren Sie die Polaritäten niemals um. Verbinden Sie niemals Ihr Positiv mit dem anderen Positiv, Ihr Negativ mit dem anderen Negativ. Das könnte für Sie beide sehr gefährlich werden, besonders wenn der Kranke sehr schwach ist.*

Eines der Probleme des magnetischen Heilens ist die Bestimmung der Länge der Behandlung. Es gibt immer eine optimale Zeitlänge, innerhalb der sowohl Empfänger als auch Sender den größten Nutzen haben und geben. Diese Zeit läßt sich mit dem Pendel feststellen. Auch die Häufigkeit der Behandlung sollte mit dem Pendel überprüft werden. Bedienen Sie sich der früher beschriebenen Techniken.

Eeman hat in seinem Meisterwerk *Cooperative Healing* Situationen beschrieben, in denen er mit diesen Stromkreisen bei einigen Menschen geradezu Wunder bewirkte. Bei anderen Menschen wiederum zeigte diese Art der Heilung überhaupt kein Ergebnis an; hier hatten sich sogar zwischen dem Patienten und ihm sehr intensive Abneigungen herausgebildet. Nach einigen Minuten im Stromkreis haßte jeder den Anblick des anderen und Eeman sagt, diese seltsame Antipathie habe über Jahre hinweg angehalten. Und nicht nur das: nach der Behandlung fühlten er und der Patient sich völlig ausgepumpt.

Hätte Eeman damals schon etwas über Radiästhesie gewußt, so wäre er in der Lage gewesen, derartige Zwischenfälle zu vermeiden. Sie können das auf jeden Fall und sollten es auch immer tun. Ehe Sie den Kreis mit einem anderen schließen, überprüfen Sie erst einmal die Verträglichkeit. Sind die magnetischen Kraftfelder allzu unterschiedlich, so daß Sie absolut nicht miteinander harmonieren, so müssen Sie jemand anderen finden, der die Behandlung vornimmt.

Eeman glaubte, die Bioenergien würden den Gesetzen der Elektrizität folgen und so stellte er einen Stromkreis aus Kupfermatten und -drähten her, der die inneren Energien aufnehmen und wieder in den Stromkreis zurückführen konnte. Eine Person allein konnte diesen Stromkreis benutzen, es war aber auch möglich, sich diesen Stromkreis mit anderen Menschen zu teilen. Bei einem dieser Experimente hatte Eeman zwölf Leute zusammengeschlossen.

Die Eeman-Kupfer-Entspannungsstromkreise sind sehr wirksam. Eine Matte wird unter den Kopf des Patienten gelegt und der von dieser Matte wegführende Draht wird von der linken Hand des Kranken erfaßt. Der Draht der zweiten Matte, die unter dem Rücken in der Höhe der Lendengegend liegt, wird mit der rechten Hand gehalten.

Mit diesem Stromkreis konnte Eeman sehr eindrucksvolle Erfolge erzielen. In den dreißig Jahren seiner Praxis half er vielen tausend Menschen bei allen möglichen Leiden.

Auch hier ist das Problem wieder die Behandlungsdauer. Wenn Sie keine Möglichkeit haben, die Länge der Behandlung zu bestimmen, so sollten Sie diesen Stromkreis lieber nicht anwenden. Eine Überdosis kann gefährlich sein.

Allerdings gilt auch hier das Pendel als eine genaue Meßmöglichkeit, ebenso wie bei den anderen Therapien. Sie brauchen nicht eine Reihe von Sitzungen, um Erfahrungswerte zu sammeln und schließen Irrtümer und falsche Behandlungsmuster automatisch aus. Neue Möglichkeiten zur Erleichterung von Schmerzen und zur Heilung von Krankheiten bieten sich an.

Zusammenfassung

Wir haben nicht die Absicht, hier einen vollständigen Überblick über das gesamte Gebiet der Therapiemöglichkeiten zu geben. Dazu müßten viele Bücher geschrieben werden. Zum einen gibt es eine Unzahl von Therapien, so daß wir solche wie Reflexologie, Akupunktur und Akupressur, Hydrotherapie, Hitzetherapie, Kräutermedizin, Homöopathie und Fasten gar nicht eingeschlossen haben, zum anderen werden sicher auch in Zukunft viele neue Therapieformen entwickelt, die jedoch im Grunde genommen alle das gleiche Anliegen haben: die Gesundheit des Menschen. Auf welchem Weg dieses Ziel erreicht wird, ist dabei unwesentlich.

Friedman beschreibt in seinem Buch *Organics: The Law Of the Breathing Spiral* die Gesundheit als ›Ganzheit‹. Ein gesunder Mensch lebt voll und rhythmisch mit jedem Teil seines Seins. In alten Zeiten wurde der Begriff ›Heiligkeit‹ genannt, und das stimmt auch mit der wahren Wurzel des Wortes überein*. Jeder, der nur mit einem Teil des Seins lebt, wird ›unganz‹ oder ›unheilig‹. Kurz gesagt: ungesund.

Natürlich ist es nicht nur ein zeitraubender, sondern auch ein mühsamer Prozeß, ›ganz‹ leben zu lernen. Es hängt soviel damit zusammen. Man muß die Natur des eigenen Seins kennenlernen und die Gesetze des physischen Körpers, durch die das ›Sein‹ funktioniert. Gleichzeitig ist es wichtig, die Ordnung des Makrokosmus, des Universums, zu begreifen und zu begreifen, daß jeder einzelne in diesen universellen Prozeß eingebunden ist.

Sie und ich, wir alle, sind nicht ein freischwebender und abgekapselter Teil der kosmischen Energie, sondern ein wichtiges Element zur Aufrechterhaltung der universellen Ordnung und gleichzeitig ein voll funktionierender Mikrokosmos. Wahre Gesundheit stellt sich ein, wenn man sieht und

---

* Zwischen den Worten whole (ganz) und holy (heilig) besteht zweifellos ein sprachlicher Zusammenhang. D. Ü.

weiß, daß jede Bewegung und Geste nicht persönliche Bewegungen und Gesten sind, sondern im Grunde genommen Bewegungen des Universums darstellen. Der Kosmos drückt sich durch den Menschen aus.

So weit kommt man natürlich nicht über Nacht. Aber auf seine kleine, bescheidene Art kann jeder seinen Fähigkeiten und seinem Verständnis entsprechend versuchen, sich diesem Ideal in winzigen Schritten zu nähern. Schon der Entschluß, damit anzufangen, und der Wunsch nach innerer Harmonie macht uns automatisch gesünder.

Bis wir uns aber selbst in die Gesetze der natürlichen Ordnung einfügen, in die Gesetze dessen, was ist, und bis wir in der Lage sind, uns völlig auf sie einzustimmen, wird es immer wieder Krankheiten geben, für die wir immer neuere und bessere Therapien brauchen. Und vielleicht ist es das, was wir durch jede Krankheit zu lernen haben. Die Natur benutzt den Stab des Schmerzes und des Unbehagens, damit wir zu einer besseren Resonanz mit ihr kommen.

Soweit es um Therapien geht, ist alles in diesem dynamischen, ständig wechselnden und sich verändernden Universum an einem Punkt der Raum-Zeit ein Segen für uns und ein Gesundheitsbringer, doch an einem anderen Punkt kann dasselbe Ding oder Ereignis zerstörend wirken. Therapien, die bestimmten Menschen von großem Nutzen sind, wirken bei anderen wie Gift. Selbst ein Zuviel an guten Dingen kann schädlich sein. Wir brauchen ein Meßgerät, um alle Qualitäten und Quantitäten zu bestimmen und das haben wir im menschlichen Nervensystem, dem radiästhetischen Sinn.

Nehmen Sie sich die Zeit und machen Sie sich die Mühe, bis Sie geschickt mit ihnen umzugehen verstehen; dann haben Sie einen großen Schritt zur ›Ganzheit‹ getan. Sie werden mit Hilfe des Pendels einen bisher latent vorhandenen Teil des sensorischen Apparates benützen und sich von der Herrschaft von Autoritäten und Fachleuten befreien können. Die brauchen Sie nicht mehr, denn Sie sind dann selbst jener, der mißt. In der Hindu-Philosophie ist das Wort für Mensch *manas,* was soviel bedeutet wie ›der, der mißt‹. Wenn Sie etwas mehr über natürliche Heiltechniken gelernt haben, werden Sie durch Erfahrung herausfinden, daß eine einzige Therapie nur äußerst selten Dauerresultate erzielt. Meistens ist es ein Zusammenspiel verschiedener physischer, emotionell-mentaler und spiritueller Therapien, die die Heilung bewirken. Das ist logisch, wenn Sie sich darüber klar sind, daß die meisten Krankheiten nicht nur durch einen negativen Faktor hervorgerufen werden, sondern durch ein Zusammenwirken mehrerer negativer Faktoren, die sich gegenseitig in ihrer Wirkung steigern und ihren Tribut vom Körper fordern.

Das Geheimnis des Heilens liegt also in der richtigen Kombination von Therapien, die die Energien wieder ins Gleichgewicht bringen.

Zwei Therapien können, jede für sich gesehen und angewandt, ausgezeichnet wirken. In Verbindung mit anderen Heilmethoden können die gleichen Therapien ihre Heilkraft verlieren. Aber auch das Gegenteil ist möglich.

Zwei verschiedene Therapien sind vielleicht nicht gut für Sie, wenn sie getrennt besehen und angewandt werden, aber in der Kombination erzielen Sie damit unter Umständen die segensreichen Wirkungen, die Sie brauchen.

Jedes Krankheitssymptom ist einmalig. Jede Person ist einmalig. Einmal kann eine Erkältung mit Akupressur und Kräutern geheilt werden, ein andermal kommen Sie nur mit einer Ernährungsumstellung und durch Einnahme von Spurenelementen weiter. Es gibt keine festen Regeln im dynamischen Energie-Universum, in dem alles einem ständigen Fluß und einer immerwährenden Veränderung unterworfen ist. Nur eine Regel gibt es: unterscheiden und messen.

Bevor Sie mit der Heilarbeit beginnen, sollten Sie unbedingt die vier wichtigsten Pendeltechniken beherrschen:

Der Verträglichkeitstest: Er mißt die Intensität von zwei oder mehreren Strahlungsfeldern. Da alles im Universum strahlt, ist auch alles mit einem Kraftfeld umgeben und anhand dieses Energiefeldes auf Verträglichkeiten überprüfbar. Es ist dabei unwesentlich, ob die zu überprüfenden Objekte körperlich oder symbolisch vorliegen.

Halten Sie das Pendel über die Substanzen oder Symbole oder über Fotos und fragen Sie: »Sind diese miteinander verträglich?« Passen Sie genau auf, welchen Pendelschlag Sie bekommen und wie intensiv er ist. Die Technik des Verträglichkeitstests ist besonders dann wichtig, wenn Sie verschiedene Therapien, Nahrungsmittel oder Kräuterextrakte kombinieren.

Die einfache Ja-Nein-Frage: Das ist die einfachste und vielseitigste Pendeltechnik, nicht nur leicht zu lernen, sondern auch leicht anzuwenden. Alle anderen Methoden sind lediglich Varianten dieser Befragung. Im Notfall kann diese Technik für nahezu alles eingesetzt werden. Sie müssen nur darauf achten, daß Ihre Fragen immer nur entweder mit Ja oder mit Nein beantwortet werden können. Durch einen Eliminationsprozeß erhalten Sie jede gewünschte Information.

Diagnose vom Diagramm oder vom Körper: Hier brauchen Sie keine Fragen zu stellen. Halten Sie nur das Pendel über jede Körperzone oder über alle Teile des Diagramms und beobachten Sie genau die Bewegung des Pendels. Schwingt es positiv, so ist diese Zone in Ordnung, schwingt es negativ, so stimmt etwas nicht.

Das geht schneller, als wenn man zu jedem einzelnen Organ Fragen stellt. Die Organdiagnose kann sehr zeitraubend und erschöpfend sein. Hier lesen Sie das Kraftfeld direkt.

Messung: Sie können die Quantität eines Medikaments sowie die Zeiträume, in denen es eingenommen werden sollte, bestimmen. Das gleiche gilt für Therapiezeiten, bei medizinischen Bädern, Rotlichtbestrahlung und so weiter.

Hierbei ist es egal, welche Maßeinheit Sie benutzen, ob es Milligramme bei Vitaminen oder 2D oder 12D bei Spurenelementen, oder Zeiteinheiten in Minuten, Stunden, Tagen oder Wochen sind; wichtig ist, Ihre Frage mit dem von Ihnen gedachten Maß zu formulieren. Beginnen Sie mit der kleinsten Menge und arbeiten Sie sich allmählich nach oben; dabei müssen Sie natürlich die Pendelbewegung genau beobachten. Erwähnen Sie eine Maßeinheit, so schwingt das Pendel entweder negativ — entgegengesetzt dem Uhrzeigersinn — oder es schwingt unregelmäßig. Das richtige Maß haben Sie dann gefunden, wenn das Pendel den positiven Schwung im Uhrzeigersinn beibehält.

Sind Sie beispielsweise erkältet und finden mit Hilfe des Pendels heraus, daß Vitamin C Ihnen helfen würde, dann fragen Sie: »Brauche ich 100 mg? Oder 200? Oder 300? Täglich?« und so weiter. Und das setzen Sie so lange fort, bis das Pendel positiv schwingt; aber lassen Sie es mehrmals schwingen, ehe Sie zur nächsten Maßeinheit übergehen. Nehmen wir einmal an, das Pendel beginnt bei 3000 mg täglich gleichmäßig zu schwingen. Dann wollen Sie wissen, wie lange Sie diese Dosis zu nehmen haben und fragen: »Setze ich die Behandlung für einen Tag an? Oder für zwei Tage? Drei Tage?« Wieder lassen Sie dem Pendel nach jeder Frage Zeit, sich richtig einzuschwingen. Sagen wir, das Pendel stellt die Schwingungen ein, sobald sie fragen: »Fünf Tage?« Dann hieße das, daß Sie fünf Tage lang täglich 3000 mg Vitamin C zu sich nehmen sollten.

Je sicherer und geschickter Sie im Umgang mit dem Pendel werden, desto eher werden Sie Ihre eigenen Methoden entwickeln. Es gibt wahrscheinlich nicht zwei Pendler auf der Welt, die genau gleich arbeiten. Jeder liest auf seine eigene, persönliche und einmalige Weise. Wichtig ist, daß man die Grundsätze beherrscht und Vertrauen zu den eigenen Lesungen entwickelt. Die Radiästhesie ist eine relativ neue Wissenschaft und neue Methoden und Forschungen sind daher notwendig und willkommen.

12 Werden Sie der Herr in Ihrem eigenen Haus

Essen — Diät — Getränke

Der französische Ingenieur André Simonéton bediente sich des Pendels, um jene Lebensmittel herauszufinden, die ihm bei der Überwindung einer schweren Krankheit helfen könnten. Er hatte sich während des Ersten Weltkrieges eine Lungentuberkulose zugezogen. Die Behandlung schloß fünf gefährliche Operationen mit ein, nach denen sein Zustand immer noch sehr kritisch war. Man verschrieb ihm eine Diät aus kräftigender Nahrung, die ihn widerstandsfähiger machen sollte, aber diese Diät schädigte seine Leber und führte zusätzlich zu Gallenkoliken. Er war bereits dem Tode nahe und mußte in diesem Augenblick auch noch mit anhören, wie sich zwei Militärärzte über ihn unterhielten und sich darin einig waren, daß er nicht mehr zu retten sei.

Aber Simonéton hatte nicht die Absicht, ihre böse Vorhersage zu erfüllen. Er erinnerte sich der Technik von André Bovis, das Essen nach Frische und Nährwerten auszupendeln. Sobald er dazu in der Lage war, arbeitete Simonéton für sich selbst ein neues Ernährungsprogramm aus. Dazu hielt er das Pendel über jedes Essen und fragte, ob es für ihn besonders gesund sei. Eine Schwingung im Uhrzeigersinn zeigte an, daß es gesund war. Er entdeckte, daß frisches Obst und Gemüse, Meeresfische, Schellfisch, Olivenöl und Vollkornbrot aus Weizen für ihn die gesündesten Nahrungsmittel waren. Nachdem er einige Monate lang seine eigene Diät eingehalten hatte, kehrte seine Kraft langsam wieder zurück; die TB heilte aus, das Leberleiden und verschiedene andere Nebenwirkungen bildeten sich zurück. Schließlich fühlte er sich gesund und die Ärzte attestierten ihm, daß er völlig geheilt sei. Und seine gute Gesundheit hielt auch an. Mit sechsundsechzig Jahren zeugte er sein erstes Kind, mit achtundsechzig das zweite und bis weit in die Siebziger hinein spielte er aktiv und regelmäßig Tennis.

Später war er sogar auf Grund seiner Kenntnisse als Elektro- und Radioingenieur in der Lage, die wesentlichen Strahlungen verschiedener Lebensmittel zu messen und deren Nährwerte zu bestimmen. Die Ergebnisse seiner Forschungen wurden 1971 erstmals in dem Buch *Radiations des Aliments, Ondes Humaines et Santé* publiziert.

Da Simonéton seine Nahrung nach Qualitätsmerkmalen auswählte, konnte er mit Hilfe des Pendels eine sonst unausgewogene Ernährung in eine gesundheitsunterstützende Diät verwandeln.

Die Weltbevölkerung nimmt ständig zu; sie explodiert förmlich; aber die Nahrungsmittelproduktion geht in alarmierendem Maße zurück. In schon ziemlich naher Zukunft kann eine klug durchdachte und überlegt zusammengestellte Ernährung den Unterschied zwischen Gesundheit und Krankheit, zwischen Leben und Tod bedeuten.

Heimköche, die das Pendel benutzen, sind schon nach kurzer Zeit in der Lage, die Lebensmittel und Getränke zu bestimmen, die für sie selbst und ihre Familien im Moment am segensreichsten sind. Ärzte, Diätköche, Ernährungswissenschaftler und andere Fachleute haben dicke Bücher über eine ausgeglichene Ernährung geschrieben. Leider sind diese weitgestreuten Vorschläge für die meisten zu unübersichtlich, und das, was jeder einzelne für seinen ganz speziellen Fall braucht, kann in diesem Werken nicht berücksichtigt werden. Das Pendel wird Ihnen helfen, dieses Problem zu lösen. Es gibt vier grundlegende Methoden zur Auswahl und Zusammenstellung der richtigen Speisepläne. Jede hat sich in der Praxis schon als erfolgreich bewiesen. Beherrscht man erst fundamental die in Kapitel fünf genau beschriebene Pendeltechnik, so kann man auch die für jedes Familienmitglied richtige Nahrung leicht ermitteln.

Die erste Methode erfordert eine ausführliche Liste aller Lebensmittel, die gewöhnlich in Ihrem Haushalt verwendet werden. Aber halten Sie beim Auflisten der Nahrungskategorien eine gewisse Ordnung ein. Gruppieren Sie zum Beispiel Obst, Gemüse, Körnerfrüchte, Fleisch und andere Dinge oder stellen Sie basische und saure Lebensmittel in Gruppen zusammen.

Es ist egal, ob Sie diese Liste nach Ihren persönlichen Vorlieben erstellen oder sich an die in den Diätbüchern angegebenen Kategorien halten.

Die zweite Methode ist die der Ja-Nein-Fragen: »Ist dieses Nahrungsmittel gesund für eine spezielle Diät?« Nennen Sie nacheinander die Namen all Ihrer Familienangehörigen und notieren Sie auf einer Karte die positiven oder negativen Pendelschwingungen zu jeder einzelnen Frage. Zu Ihrer großen Überraschung werden Sie vermutlich für jedes Familienmitglied eine unterschiedliche Liste erhalten, so daß es im ersten Moment schwierig erscheint, gemeinsame Mahlzeiten vorzubereiten. Hausfrauen und Hausmänner sind ja keine Restaurantköche, bei denen jedes Familienmitglied seine Bestellung aufgeben kann.

Aber das Pendel kann Ihnen auch jetzt wieder helfen, eine gewisse Ordnung in den Speiseplan zu bringen. Erstellen Sie eine zweite Liste, die Sie die Familienliste nennen, und notieren Sie darauf alle gemeinsam zu verwendenden Lebensmittel mit positiver Schwingung für jedes Familienmitglied. Weicht jemand stark von der Familienliste ab, so wird es nötig sein, für diese Person gesondert zu kochen. Diese halbe Stunde vor dem Herd wird vermutlich viele Stunden an Krankenpflege und viel Geld für Arzt und Medikamente einsparen helfen.

Bei der dritten Methode nehmen Sie mit dem Pendel über

jedem Lebensmittel Maß. Das können Sie sofort im Supermarkt besorgen, allerdings nur, wenn Ihnen die verständnislosen Blicke der anderen nichts ausmachen und Sie die vielleicht seltsam anmutenden Fragen der Geschäftsführer nicht stören. Halten Sie nur das Pendel über Obst, Gemüse, Käse und andere Dinge und fragen Sie in Gedanken an alle Familienmitglieder, ob das, was Sie kaufen wollen, im Moment gut und richtig ist.

Sie können sogar eine gewisses Preisbewußtsein mit dem Pendel entwickeln, solange Sie noch im Supermarkt sind. Versuchen Sie nur einmal zu fragen, ob die Warenpreise fair sind. Eine negative Antwort könnte anzeigen, daß das betreffende Produkt zu teuer ist und in anderen Läden wesentlich billiger zu bekommen wäre.

Die vierte Methode ist wahrscheinlich die einfachste. Bedienen Sie sich Ihrer Intuition und des Wissens von den Neigungen und Abneigungen Ihrer Familie, kaufen Sie die Lebensmittel und bereiten Sie alles auf den Tisch und überprüfen die einzelnen Gerichte mit dem Pendel. Das kann natürlich auch jedes andere Familienmitglied tun.

Viele Dokumentationen bestätigen, wie nützlich der Einsatz des Pendels bei der Auswahl von Lebensmitteln ist. Eine englische Hausfrau hatte eine ungewöhnliche Schwäche für Fish and Chips und riesige Fettmengen. Leider kam ihr dieses Vergnügen ziemlich teuer zu stehen: Magen- und Darmbeschwerden stellten sich ein. Nach nur zehn Minuten Pendelbefragung wurde ihr klar, daß weder der Fisch noch die Pommes frites diese Beschwerden auslösten, sondern allein das Fett. Jetzt genießt sie ihren Fisch gekocht und backt die Pommes frites fettfrei im Ofen auf und ist wieder gesund.

W.H. Trinder beschreibt in seinem Buch *Dowsing* einen Fall aus einem Brief, den er erhalten hatte: »Eine Angestellte litt dreimal wöchentlich an so starken Kopfschmerzen daß sie fürchtete, niemals einen Job behalten zu können. Ihre Ärztin hatte ihr gesagt, diese Art der Migräne sei nicht heilbar. Die

Kranke besuchte daraufhin eine Pendeldemonstration W.H. Trinders und wandte ihre dort erlernten Erkenntnisse bei der täglichen Zusammenstellung ihres Essens an. Das Pendel vermittelte ihr folgende Richtlinien: Im Uhrzeigersinn dunkles Brot, gekochte Eier und so weiter. Entgegen dem Uhrzeigersinn: weißes Brot, gebratene Eier, Zucker, Süßigkeiten, Alkohol, Nikotin und so weiter.

Sie hielt sich sofort an die ausgependelte Diät. Schon nach einigen Tagen ließen die Kopfschmerzen nach, um später für immer zu verschwinden. Die überglückliche Frau erzählte das ihrer Ärztin, die natürlich neugierig war, sich aber nicht festlegen wollte und nur zögernd selbst zum Pendel griff. Die Ärztin hielt es über ihre offene Hand und es begann sofort so auszuschlagen, wie das eines geübten Meisterpendlers. Die Ärztin erschrak natürlich und fragte überrascht: »Was macht das Ding? Ich tu doch nichts.« Die Patientin erklärte ihr darauf, sie sei wahrscheinlich eine gut entwickelte Rutengängerin, könne also auch mit dem Pendel gut umgehen. Wenn sie das Pendel über ihr Essen halte, werde sie wahrscheinlich interessante Dinge erleben. Der Brief endete mit dem Satz: »Sie können also die Heilung einer Ihnen unbekannten Frau in Ihre Erfolgsstatistik aufnehmen; sie hatte die fixe Idee, sie müsse wegen ihrer Kopfschmerzen ihre Stellung aufgeben und ist nun so gesund, wie sie sich's nur wünschen kann.«

Natürlich kann das Pendel auch die genaue Nahrungsmenge bestimmen, die sie pro Mahlzeit zu sich nehmen sollten.

Legen Sie dazu eine sehr kleine Menge auf Ihren Teller und fragen Sie das Pendel: »Ist diese Essensportion genau die richtige für mich?« Die Menge erhöhen Sie schrittweise, bis das Pendel harmonisch im Uhrzeigersinn schwingt. Gewöhnlich genügen zwei oder drei kleine Zusatzmengen; dann wird das Pendel bestätigen, daß die vor Ihnen liegende Essensportion im Moment völlig ausreichend ist. Ehe Sie sich eine zweite Portion nehmen, fragen Sie lieber Ihr Pendel. Es ist nicht gesund, zuviel zu essen. Vielleicht brauchen Sie auch nur eine kurze Ruhepause; aber auch hier ist es angebracht, das Pendel zu befragen.

Sie können auch Getränke testen wie zum Beispiel Wasser, Limonade, Fruchtsäfte, Bier und Wein. Halten Sie nur Ihr Pendel über das gewünschte Getränk und prüfen Sie Qualität und Quantität mit dem magischen Pendel nach.

Abbé Mermet hat sich sehr intensiv mit der Erforschung der Wasserqualität beschäftigt. Er konnte mit seinem Pendel feststellen, ob ein Wasser von organischer Materie verseucht war oder aufgrund von Mikrobenkulturen gesundheitsschädigend wirkte. In Bern bat man ihn in den zwanziger Jahren herauszufinden, warum eine ganz bestimmte Quelle nach jedem Regenfall gelb wurde und das Wasser einen charakteristischen Geschmack und Geruch annahm. Das Pendel ortete die Ursache in einem etwa drei Kilometer von der Quelle entfernten Bauernhof. Als daraufhin eine Art Schutzwall um den Bauernhof errichtet wurde, blieb das Quellwasser auch nach Regenfällen rein und klar. Diese Geschichte ist nur eine von Hunderten von Dokumentationen über Mermets Fähigkeit, nicht nur die Ursache einer Verseuchung festzustellen, sondern diese auch zu beheben.

Auch auf dem Gebiet des Alkoholismus haben Radiästhesisten interessante Forschungsergebnisse erzielt. So war es ihnen zum Beispiel möglich festzustellen, wieviel Alkohol bei bestimmten Menschen das absolute Limit ist. Dabei gingen sie wie folgt vor: eine Liste alkoholischer Getränke wurde zu dem Namen einer bestimmten Person in Beziehung gesetzt. Darauf konnte mit Hilfe des Pendels ermittelt werden, welches Getränk und auch welche Menge für den Einzelnen verträglich ist.

Pendler könnten auf diese Art natürlich auch feststellen, welches alkoholische Getränk am ehesten zu übermäßigem Trinken verführt. Auf diesem Gebiet ist aber noch sehr viel Forschung nötig und daher will ich nicht weiter darauf eingehen.

Wenn Sie ein Gourmet sind und selbst gern kochen, so werden Sie sich Ihre Mahlzeiten sicher so zubereiten, wie es Ihrem persönlichen Geschmack am ehesten entspricht.

Auch hier ist das Pendel ein wertvoller Maßstab. Ein hungriger Forscher fand heraus, daß verschiedene Gemüse ohne Wasser gekocht — die wasserhaltigeren Gemüse wurden unten in den Topf gelegt, darüber die Sorten, die wenig Wasser enthalten — einen positiveren Pendelschwung ergeben als die getrennt in Wasser gekochten Gemüse. Ernährungswissenschaftler wissen natürlich schon längst, daß die bei schwacher Hitze gekochten Gemüse schmackhafter sind als andere. Die langsame Hitze zerstört außerdem nicht so viel lebenswichtige Vitamine.

Auch die chemischen Bestandteile verschiedener Lebensmittel können durch die Radiästhesie ermittelt werden. Denken Sie nur einmal daran, welch ungeheure Geldsummen und wieviel Zeit die komplizierten chemischen Analysen in den Labors verschlingen. Mit einfachen Fragen an das Pendel läßt sich innerhalb weniger Sekunden der Gehalt an Kalzium, Eisen, Iodine, Phosphor und anderen Spurenelementen in jedem Lebensmittel bestimmen. Ernährungswissenschaftler haben in den vergangenen Jahren häufig darauf hingewiesen, wie wichtig die richtigen Mengen dieser Elemente sind. Das Pendel kann Ihnen das nötige Wissen auch ohne komplizierte Apparaturen verschaffen.

Natürlich sollten von der Pendelmagie auch Restaurants, Kaffeehäuser und Märkte profitieren können. Bietet man nur die besten Lebensmittel an, so heißt das: zufriedene Kunden, die wiederkommen, und guter Umsatz. Wer weiß, vielleicht kommt einmal der Tag, an dem jeder Küchenchef im Gebrauch des Pendels unterwiesen wird und nicht nur in dem des Tranchiermessers. Es gäbe dann weder Nahrungsmittelvergiftungen noch Weinskandale.

Abbé Mermet, der Meister der Radiästhesie, machte spaßeshalber einige Experimente zur Bestimmung des Alkoholgehaltes im Wein. Mit dem Pendel in der Hand erfragte er den Prozentgehalt an Alkohol. Er erzählt dazu eine interessante Geschichte.

Eines Tages nahm er in einer kleinen Schweizer Stadt an einem Festessen teil. Als er sein Weinglas zum Trinken anhob, beobachtete er, daß die Farbe des Weines im Glas seines Tischnachbarn dunkler war als die seines Weines. Unauffällig nahm er sein Pendel aus der Tasche und stellte fest, daß der Wein in seinem Glas 9, der im Glas seines Nachbarn 11 Prozent enthielt. Er rief die Kellnerin und machte sie auf diesen Unterschied aufmerksam. Sie glaubte es nicht. Als das Essen vorüber war, sprach Mermet mit dem Hoteldirektor und berichtete auch ihm von diesem Unterschied. Der Direktor sagte: »Aller Wein wurde aus dem gleichen Faß gezogen, deshalb ist das, was Sie sagen, unmöglich.«

Mermet gab sich damit aber nicht zufrieden, denn seine Pendellesungen waren immer äußerst genau. Also erklärte sich der Direktor zur Nachprüfung bereit und bat die Kellnerin, noch einmal zu beschwören, daß der am Abend ausgeschenkte Wein die gleiche Sorte gewesen sei. Da wurde das Mädchen sehr rot und bekannte, zu faul gewesen zu sein, um noch eine Flasche aus dem Keller zu holen. Aus dem Grunde habe sie die letzte Flasche mit etwas Wasser aufgefüllt und das war der verwässerte Wein, mit dem es Mermets Glas gefüllt hatte.

Verlorene und versteckte Gegenstände

Jeder von uns hat schon einmal erlebt, daß ein ruhiger Morgen plötzlich zu einer wilden Jagd nach einem verlorenen Gegenstand wurde — nach einem Socken, den Wagenschlüsseln, einem Notizbuch und so weiter. Die erste Reaktion ist grundsätzlich emotionell: entweder legten wir den Gegenstand nicht dort hin, wo wir glaubten ihn hingelegt zu haben, oder wir geben einem anderen die Schuld für das Verschwinden der gesuchten Dinge.

Unsere nächste Reaktion ist die, fieberhaft und hektisch die Wohnung oder das Haus zu durchsuchen. Der Rest ist Ärger, Enttäuschung und ein Tag, an dem dann auch oft alle anderen Pläne durchkreuzt werden.

Wenn das in Zukunft wieder passiert, dann: Halt! Nehmen Sie Ihr Pendel und setzen Sie es ein, um den verlorenen Gegenstand zu finden. Deuten Sie auf jeden Raum des Hauses und fragen Sie: »Ist der verlorene Gegenstand hier in diesem Zimmer?« Fahren Sie so lange damit fort, bis Sie auf den entsprechenden Raum stoßen. Dann können Sie mit dem Pendel noch die einzelnen Ecken überprüfen und zwar so lange, bis die Schwingung positiv ausfällt. An dieser Stelle müßte Ihr Schlüssel, Ihr Geldbeutel oder was immer Sie suchen, sein.

Es gibt aber auch noch eine andere Methode: Stellen Sie sich den verlegten Gegenstand ganz genau vor und konzentrieren Sie sich darauf. Fragen Sie: »Ist der verlorene Gegenstand in dieser Richtung?« Pendeln Sie so die 360 Grad des Kreises aus. Schwingt das Pendel positiv, so wiederholen Sie den Vorgang in der ausgependelten Richtung in einem anderen Teil des Raumes. Dort, wo sich zwei positive Richtungen kreuzen, müßte der vermißte Gegenstand liegen.

Über den früheren Präsidenten der amerikanischen Wünschelrutengänger-Gesellschaft John Shelley gibt es eine nette Geschichte. Er konnte verlorene Gegenstände recht gut finden. In der letzten Woche einer Reserveübung in Pensacola, Florida, verblüffte er seine Kameraden von der Naval Air Station damit, daß er seinen Löhnungsscheck lokalisierte. Seine Kameraden und der Zahlmeister schienen sich einen Spaß daraus gemacht zu haben, den Scheck irgendwo in dem sehr weitläufigen zweistöckigen Gebäude zu verstecken, von dessen langen Korridoren aus etliche Dutzend Räume abzweigten. Shelley benutzte sein Pendel und fand den Scheck ohne jede Schwierigkeit.

Das Pendel des Hobbybastlers

Es genügt natürlich nicht, das Pendel nur zur Entdeckung eines Haushaltsproblems einzusetzen. Man sollte einen Elektro- oder Installationsschaden auch beheben können. An dieser Stelle möchte ich Sie trotzdem dringlich davor warnen, ein Gerät reparieren zu wollen, von dem Sie nichts verstehen. Das überlassen Sie besser dem Fachmann oder einem Hobbyelektriker, der sich da sehr gut auskennt.

Kleinere Probleme können Sie aber durchaus mit dem Pendel lösen. Wenn eine Lampenbirne ausgebrannt ist, stellen Sie mit Hilfe des Pendels die benötigte oder noch zulässige Wattzahl fest. Wollen Sie ein Bild an einer Wand aufhängen, in die kein Nagel zu schlagen ist oder hinter der Wasser- oder Elektroleitungen liegen, die durch das Einschlagen des Nagels beschädigt werden könnten, so ist das Pendel eine wertvolle Hilfe zum Auffinden jener Stelle, an der der Nagel problemlos eingeschlagen werden kann.

Wenn Sie nicht wissen, ob der Staubsaugerbeutel schon voll ist oder noch nicht und Sie das Gerät nicht extra öffnen wollen, so prüfen Sie's mit dem Pendel nach. Es gibt in jedem Haushalt tausend Dinge, die von einem geschickten Pendler leicht aufzufinden oder festzustellen sind. Deshalb sollte in jeder Werkzeugkiste neben Hammer und Schraubenzieher auch ein Pendel vorhanden sein.

Ein Pendler in Arizona benutzte sein Wissen auch erfolgreich bei Autoreparaturen. Der Einsatz einer schlechten Zündkerze, die richtige Einstellung der Zündung, die bestmögliche Vergasereinstellung — all das pendelte er ebenso gut und sicher aus, wie er es mit einem Diagnosegerät hätte feststellen können. Heutzutage, wo die Preise für Reparaturen ins Astronomische steigen, ist der geschickte Gebrauch des Pendels für kleine Reparaturen oder zur raschen Auffindung von Schäden besonders angebracht. Natürlich erspart einem das Pendel auch in diesem Fall nicht eine mehrjährige Lehrzeit, wohl aber oft viel Zeit und Ärger.

Pflanzen im Haus

In den letzten Jahrzehnten hat die grüne Kraft der Zimmerpflanzen eine Renaissance erlebt. Gerade Stadtbewohner legen besonders viel Wert darauf, ihre Wohnung oder das Haus mit Pflanzen auszustatten. Dieser Trend brachte zahllose Bücher auf den Markt, die erklären, wie Zimmerpflanzen gegossen, gepflegt, gedüngt und wann sie umgetopft werden müssen und wie man mit ihnen umzugehen hat. Auch hier kann das Pendel eingesetzt werden, um Zeit und Enttäuschungen zu ersparen. Bevor Sie Ihre Pflanzen wahllos gießen, sollten Sie mit dem Pendel nachprüfen, wieviel Wasser eine jede Zimmerpflanze braucht.

Sie können auch fragen, ob sie Sonne mögen oder nicht, ob die Pflanze jetzt schon umgetopft werden muß, ob sie zu dunkel steht, welche Erde sie braucht und mit welchen anderen Pflanzen sie am besten harmoniert. Mit Hilfe des Pendels finden Sie auch leicht heraus, ob eine Pflanze glücklich und gesund ist.

Sie brauchen nur ein Pendel darüber zu halten (s. Abbildung 10). Ist die Schwingung positiv, so ist die Pflanze glücklich, ist die Schwingung aber negativ, so kann sie — und ist es auch wahrscheinlich — unglücklich sein. Der Grund des Elends ist auch mit dem Pendel feststellbar; mal liegt es an der Luftverschmutzung, an zu starkem Lärm oder an unsauberem Wasser. Vielleicht läßt eine Pflanze ihre Blätter hängen, weil ein Familienmitglied traurig und deprimiert ist. Es kann aber auch sein, daß der Besitzer der Pflanze keinen »Draht« zu ihr hat. Dann müßte sie zu einem anderen Menschen kommen, der mit ihr harmoniert.

Ein Freund von uns, der ein paar Dutzend Topfpflanzen gezüchtet hat, behauptet, er könne mit dem Pendel für jede Pflanze den besten Platz im Haus bestimmen. Erst setzt er seine Intuition ein und stellt jede Pflanze dorthin, wo er glaubt, sie könne sich glücklich fühlen. Dann konsultiert er

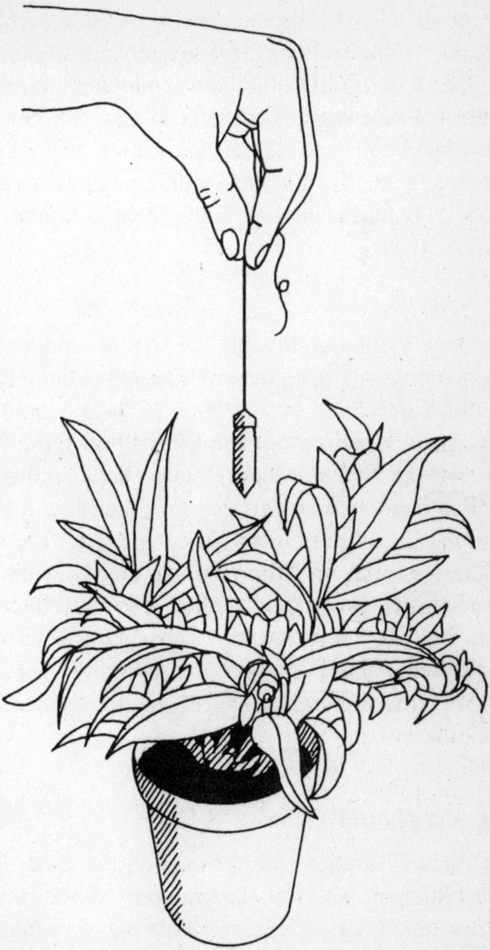

Abb. 10 Pendel und Verständigung mit Pflanzen

sein Pendel und verändert den Standort der Pflanze so lange, bis sich eine positive Lesung ergibt. Das ist dann der optimale Platz für sie. Gleichzeitig machte er folgende verblüffende Entdeckung: Manche Pflanzen kommen mit anderen nicht aus! Stehen sie nebeneinander, so hemmen sie einander im Wachstum, weil sie unglücklich sind. Überprüfen Sie deshalb auch die Beziehung jeder Pflanze zu ihrer Nachbarin. Wer weiß, vielleicht ist Ihre Lieblingsblume unglücklich und läßt ihre Blätter hängen, weil sie zu wenig Liebe bekommt.

Heimdekoration

Die moderne Tiefenpsychologie hat wieder entdeckt, was in alten Kulturen längst bekannt war: Die Umgebung hat einen ungeheuren Einfluß auf unsere Psyche. Das Pendel kann die Geheimnisse einer harmonischen Einrichtung lüften, denn es sagt uns, welche Farben welchen Raum beherrschen sollten, um das Familienleben zu verbessern. Eine falsche Farbe im Schlafzimmer ist oft der Grund für ein gestörtes Liebesleben. Ungeeignete Möbel im Wohnzimmer erzeugen ein Gefühl des Unbehagens. Wenn Sie Teppiche, Wandfarben, Möbel und alles, was Sie sonst zu Ihrer Einrichtung benötigen, zunächst mit dem Pendel untersuchen, so kann in der Auswahl Ihrer Möbel und Tapeten der Grundstein zu einem glücklichen Heim liegen.

Die Lage des Hauses

Ein glückliches Familienleben kann ebenso von der Lage des Hauses abhängen, wie von der inneren Ausstattung. Viele Radiästhesisten können mit erstaunlicher Genauigkeit bestimmen, welches Land, welcher Staat oder welche Stadt am besten für eine Familie, ein Paar oder eine Einzelperson ist. Die Technik ist einfach und nimmt bei einem geübten Pendler nur ein paar Sekunden in Anspruch.

Schreiben Sie auf ein Stück Papier den Namen des fraglichen Ortes und konzentrieren Sie Ihre mentale Energie darauf. Dieser Vorgang wirkt ungefähr so, als würden Sie Ihr Radio auf eine bestimmte Station einstellen. Der Geist rückt diesen Ort sozusagen in seinen Brennpunkt und konzentriert die Vibrationen des Ortes auf den Namen.

Fragen Sie nun: »Wie gut würden die Vibrationen von XY mit diesem oder jenem Platz harmonisieren von folgenden Gesichtspunkten aus: glückliches Leben, Kreativität, gute Gesundheit, finanzieller Erfolg?« Beobachten Sie genau die Stärke der Pendelrotation, denn sie zeigt den Grad der Harmonie oder Disharmonie an.

Schon vor einigen Jahren wurden sich die Radiästhesisten darüber klar, daß an verschiedenen Orten schädliche Erdstrahlen austreten. Baut man an dieser Stelle ein Haus oder ein anderes Gebäude, so könnte sich das für jene, die dort leben oder arbeiten, negativ auf ihre Gesundheit auswirken. Hier ist die Geschichte eines Mannes, der in einem solchen Haus wohnte. Ein Bericht, der uns eher Grund zum Nachdenken als zum Fürchten geben sollte:

»Vor nicht sehr langer Zeit zog ich in ein Haus,von dem ich wußte, daß es aus Lehmziegeln erbaut worden war. Es dauerte nicht lange, und ich verlor meine ganze Energie und fühlte mich sehr niedergeschlagen und erschöpft. Jede Bewegung kostete mich ungeheuer viel Kraft. Ich wohnte schon einige Monate in dem Haus, als ich ein sehr unangenehmes Erlebnis hatte. Eines Morgens wachte ich früh auf. Die Haare standen mir zu Berge und entlang meines Rückgrates bemerkte ich ein kaltes, klammes und trotzdem prickelndes Gefühl. Ich war natürlich erschrocken, gleichzeitig entsetzlich matt, fühlte mich hundeelend und völlig ausgepumpt. Alle Spannung schien aus meinen Muskeln und Nerven gewichen zu sein doch das allerschlimmste war, daß dieses Empfinden den ganzen Tag hindurch und noch länger anhielt.

Zufällig besuchte mich um diese Zeit eine erfahrene Pendlerin, der ich die Geschichte erzählte und die daraufhin mein Schlafzimmer sehen wollte. Sie hatte mir schon beim Betreten des Hauses gesagt, daß sie sich — vom Standpunkt der Radiästhesistin aus — in meinen vier Wänden nicht wohl fühlen würde. Und dann stellte sie fest, daß sich die schlimmste Strahlung direkt neben meinem Bett befand. Diese Aussage wurde von einem anderen Pendler bestätigt, der allein durch das Auspendeln einer Skizze meines Hauses, die ich ihm zugesandt hatte, ähnliche Ergebnisse erzielte. Er schrieb mir, in meinem Haus befände sich eine der schlimmsten Strahlungen, die ihm je bekannt geworden wäre.« Es ist zu wünschen, daß schon in naher Zukunft viele Architekten und Baufirmen einen Pendler zu Rate ziehen, der bereits vor Baubeginn solche schädlichen Strahlungen entdecken kann.

Ihre Kinder

Viele Eltern sind sicher auch daran interessiert, inwieweit das Pendel bei der Kindererziehung eingesetzt werden kann. Und sie haben recht: Mit Hilfe des Pendels können die Fähigkeiten und die Grenzen der Kinder entdeckt werden. Das Pendel ist in der Lage, Eltern und Lehrern wichtige Hinweise zum Verständnis der Kinder zu vermitteln. Vor allem bei einer Entwicklungsstörung oder Lernhemmung kann das Pendel eingesetzt werden, um die optimale Therapie, die richtige Ein- oder Umschulung oder allgemeinere Behandlung der kindlichen Problematik herauszufinden.

Vor allem die Lehrer, die für die Ausbildung eines Kindes verantwortlich sind, sollten sorgfältig ausgewählt werden. Das Pendel kann auf einer Skala von 0—100 die Fähigkeit eines Lehrers in Beziehung zu Ihrem Kind messen. Wenn man vor Beginn eines Schuljahres feststellt, ob das Kind mit dem Lehrer harmoniert, kann man ihm vielleicht viele unglückliche Monate ersparen.

Innerhalb der Familie hilft das Pendel, die Kluft zwischen

den Generationen zu überbrücken. Befragt man das Pendel in Anwesenheit des Kindes über wichtige Angelegenheiten, können die Eltern vermeiden, als ›böse‹ angesehen zu werden, wenn das Pendel ›nein‹ anzeigt. Eine unpersönliche Antwort akzeptiert das Kind vielleicht eher; denn es gibt keinen Menschen, dem man die Schuld daran geben kann. Sie werden entdecken, daß es hier unabsehbare Möglichkeiten für den Einsatz des Pendels bei heranwachsenden Kindern gibt, und das geht von der Bestimmung der Zeit für das Zubettgehen über schulische Leistungen bis zu den Reibereien mit den Geschwistern; die Magie des Pendels ist also in allen nur denkbaren Situationen zum Wohle aller einsetzbar.

13 Das Superpendel

Wenn Sie viele Stunden damit verbracht haben, sich im Gebrauch Ihres Pendels zu üben, werden Sie wahrscheinlich die Lust zu komplizierten Einsätzen verspüren. Auf den nächsten Seiten stellen wir Ihnen einige Pendelbenützungen für Fortgeschrittene vor. Die meisten dieser Möglichkeiten sind Anfängern kaum zugänglich, aber sie sind keineswegs so schwierig, wie es vielleicht auf den ersten Blick aussehen mag. Wenn Sie regelmäßig und in nicht zu großen Zeitabständen üben, werden auch Sie die komplizierten Pendeltechniken verstehen und für sich einsetzen können.

Kartenpendeln

Das Kartenpendeln ist in radiästhetischen Kreisen und Gruppen schon weit verbreitet. Selbst das Marine Corps der Vereinigten Staaten unterweist seine Minenfachleute in der Technik des Auffindens feindlicher Minenfelder mittels Landkarte und Pendel. Die Technik ist einfach und in den meisten Fällen erfolgreich.

Verschaffen Sie sich zunächst einmal eine Landkarte des zu untersuchenden Gebietes und legen Sie diese auf einen Tisch oder eine andere ebene Fläche. Dann halten Sie das Pendel nacheinander über die vier Seiten der Karte, die Norden, Süden, Osten und Westen darstellen, dann über die Mitte, wie in Abbildung 11 dargestellt.

Stellen Sie bei jeder einzelnen Lesung die Frage: »Ist das, was ich suche, in dieser Richtung oder in dieser Zone?« Antwortet das Pendel mit einer Schwingung im Uhrzeigersinn, so bedeutet das, daß Wasser, ein vergrabener Schatz, ein Minenfeld, also genau das, worauf Sie sich konzentrieren, in dieser Zone zu finden ist. Der Suchbereich muß anschließend immer weiter eingeengt werden.

Sie stellen dem Pendel spezifische Fragen, zum Beispiel: »Ist dies oder jenes in einer (oder dieser) Stadt, Straße oder Ecke zu finden?« Später, wenn Sie auch darin geübt sind,

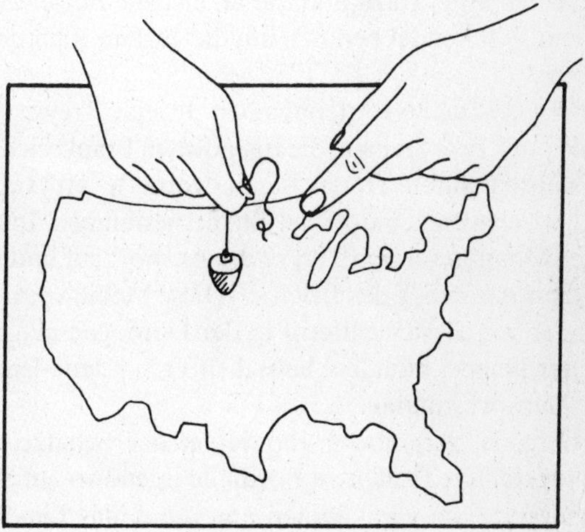

Abb. 11 Kartenpendeln

werden Sie in der Lage sein, die gesuchte Substanz oder Person so genau zu lokalisieren, wie es das Radar mit einem Flugzeug macht.

In Dokumentationen über Landkartenpendeln werden unzählige Möglichkeiten angeführt. Viele dieser Berichte sind ausgewertet und archiviert worden und schon allein aus diesem Grunde wesentlich gewichtiger als nur die Behauptung, man habe hier oder da Erfolg gehabt. In einer dieser Dokumentationen werden die Fähigkeiten eines englischen Kartenpendlers beschrieben.

Dieser Engländer, ein Mr. Clark, bat einen Polizeisergeanten, den er gerade getroffen hatte, ihm die genaue Richtung eines bestimmten Zieles, das er mit seinem Auto erreichen wollte, aufzuschreiben. Ohne auch nur einen Blick auf die Aufzeichnungen zu werfen oder sie mitzunehmen, fuhr er fort. Einige Stunden später kehrte er zurück und beschrieb den genauen Weg. Dazu erklärte er, er habe nur eine Landkarte und sein Pendel benutzt, um die genaue Richtung festzustellen.

Ein französischer Kartenpendler, Joseph Treyve, erhielt ein Paket mit zwei Steinen, die irgendwo in Frankreich aufgelesen worden waren. Der Absender forderte Treyve auf, er solle den genauen Fundort der Steine bestimmen. Innerhalb weniger Minuten schrieb Treyve die Antwort auf und schickte sie dem Absender des Briefes: »Diese Steine wurden drei Kilometer von Eysies entfernt in der Dordogne aufgehoben von einer jungen, blonden, hübschen Frau.« Jede Einzelheit dieser Antwort stimmte.

Verborgene, vergrabene und vergessene Schätze, Schiffe mit goldgefüllten Truhen an Bord, die irgendwo auf See verlorengingen — sie alle könnten nun durch das Landkartenpendeln vielleicht wieder gefunden werden.

Abbé Mermet hat als Schatzsucher einige Erfahrungen gesammelt. In einem Brief von 1934 wurde ihm mit folgenden Worten gratuliert:

»Vor etwa zwei Jahren konsultierte ich Sie wegen einer Suche nach Gold auf meinem Besitz. Sie bezeichneten eine Stelle und informierten mich darüber, daß sich dort etwa 400 Francs in Gold befänden. Und die Stelle, die Sie auf dem Plan anzeichneten, war genau jene, an der mein Safe vergraben war, in dem ich dreiundzwanzig Goldmünzen aufbewahrte. Gezeichnet: Georges Otto.«

Prospektoren, Geologen und Mineningenieure benützen vielleicht eines Tages neben ihren Landkarten auch ein Pendel. Da unsere Rohstoffvorräte wie Gas, Erdöl und anderes von Jahr zu Jahr abnehmen, wird es immer dringender werden, neue Rohstoffquellen zu entdecken. Das Pendel könnte solche Vorkommen genau lokalisieren und auch die ungefähre Tiefe angeben, in der sie sich befinden.

Fotopendeln

Die Chinesen sagen: »Ein Bild ist mehr als tausend Worte«, aber ein Foto in den Händen eines Meisterpendlers kann wesentlich mehr enthüllen — Alter und Geburtstag einer Person, Grundhaltung, Beruf und vieles andere mehr. Fachleute behaupten, das Foto wirke als Einstimmungsmittel nach dem okkuluten Gesetz der sympathetischen Vibrationen. Mit anderen Worten: Prägt man sich das Foto ein, so ist eine direkte Verbindung mit dieser Person hergestellt. In einem gewissen Sinn zieht das Bild die fernen Strahlungen dieser Person an, die sich um das Foto herum verdichten.

Das Fotopendeln enthüllt geheime Absichten oder die innerste Haltung eines jeden Menschen. Malen wir uns doch nur einmal die Möglichkeiten dieser Technik aus: Die Führer der Weltpolitik könnten täglich nach ihrer mental-emotionellen Stabilität überprüft werden. Auch Parlamentsabgeordnete wären insgesamt und individuell leicht zu überprüfen.

Im Zweiten Weltkrieg hielt ein italienischer Radiästhesist sein Pendel über die Fotos seiner beiden Söhne, um zu ermitteln, wo sie sich aufhielten und wie es ihnen ginge. Noch bevor er eine offizielle Mitteilung erhielt, wußte er, daß sein jüngster Sohn auf See ertrunken war.

Bei Wettbewerben könnten Berufs- und Amateurfotografen nur die besten Fotos einreichen und das wären jene, die mit dem Pendel ausgewählt würden.

Zeitungsverleger, die ihre Auflage erhöhen wollen, könnten die besten Schlagzeilen auspendeln. Filmproduzenten, die viele Stunden darauf verwenden, die beste Auswahl aus ungeheuer vielen Filmmetern zu treffen, könnten dies mit Hilfe des Pendels tun.

Fotopendeln ist bisher, soviel wir wissen, noch nicht oder kaum erforscht. Es könnte sein, daß Pendler auf diesem Gebiet gerne experimentieren, um ihre Funde mit anderen auszutauschen. Wir wissen aus eigener Erfahrung, daß das Auspendeln des Charakters einer Person, also auch die vorhergehende Einstimmung auf sie, mit einem Foto wesentlich leichter und zuverlässiger ist, als wenn man nur das Bild dieser Person im Gedächtnis hat.

Pendelkarten

Zweifellos sind die Pendelkarten, die in den letzten Jahren geschaffen wurden, ein sehr wertvolles Hilfsmittel für den Radiästhesisten. Es kann aber auch schon sehr nützlich sein, die Worte ›Ja/Nein‹ auf einen Zettel zu schreiben und diese Unterlage zur Bestimmung einer Antwort anzuwenden. Ich habe festgestellt, daß das Arbeiten mit einer sichtbaren Karte die Konzentrationsfähigkeit des Pendlers positiv beeinflußt. Das Ergebnis wird genauer, schärfer und klarer, und der Erfolg des Pendlers verbessert sich wesentlich.

Eine Ja/Nein-Karte kann in jeder Lage eingesetzt werden, sei es um Gesundheit/Krankheit festzustellen, die Echtheit eines Schmuckstückes oder eines Gemäldes, den Wert alter Möbel und Porzellane und so weiter.

Das Arbeiten mit dieser Karte ist sehr einfach. Sie halten einfach das Pendel über ›Ja‹ oder ›Nein‹ und stellen Ihre Frage. Schlägt das Pendel über Ja im Uhrzeigersinn aus, so haben Sie eine positive Antwort. Nun prüfen Sie diese nach, indem Sie das Pendel über ›Nein‹ halten. Rotiert es entgegen dem Uhrzeigersinn, so zeigt es ein ›Nein‹ an, also ist das erste ›Ja‹ bestätigt.

Der indische Pendler Ben Bhattacharyya widmete einen erheblichen Teil seines Buches *Magnet Dowsing* dem Gebrauch von Pendelkarten. Mittlerweile bieten auch viele Buchhandlungen Pendelkarten an, die alle Bereiche, von Farb- und Planetenkarten bis hin zur Partnerschaftsanalyse und der Suche nach Glück und Zufriedenheit umfassen.

In der medizinischen Radiästhesie wurden Karten auch zum Lokalisieren verborgener Leiden eingesetzt. Der Italiener Pietro Zampa entwickelte eine Diagrammkarte der menschlichen Hand und schrieb auf bestimmte Zonen die Ziffern von eins bis neun. Diese Zonen entsprachen unterschiedlichen Krankheitsfeldern. Eine negative Schwingung über irgendeiner Zahl zeigt eine Schwierigkeit an. Der Wert dieser Methode liegt, vor allem, wenn sie von Könnern eingesetzt wird, darin, auch die Ausstrahlung jener Krankheiten feststellen zu können, die noch im Anfangsstadium sind, ohne die dazu erforderlichen umständlichen und sehr komplizierten Labortests einsetzen zu müssen.

Der Pendelschwung

Bis jetzt sprachen wir immer von den beiden Grundschwüngen des Pendels, vom positiven, der ›ja‹ bedeutet, im Uhrzeigersinn und vom negativen, der mit einem ›nein‹ gleichzusetzen ist und entgegen dem Uhrzeigersinn verläuft. Für die verfeinerte Pendelarbeit des Fortgeschrittenen genügen einfache ›Ja/Nein-Schwingungen‹ jedoch nicht mehr. Der erfahrene Pendler will auch den Wert der positiven oder negativen Rotation bestimmen können — also besonders die Bedeutung des Schwingungsradius, der Schwingungsintensität und der Schwingungsdauer.

Wir stellen zum Beispiel die Frage: »Sind Mr. und Mrs. Smith in ihrer Beziehung als Mann und Frau zur Zeit in Übereinstimmung?« Rotiert das Pendel mit einem positiven Schwung, aber nur mit einem sehr kleinen Radius (etwa zwei

Finger breit) und ist die Dynamik des Schwunges sehr gering, so zeigt das Pendel zwar Verträglichkeit an, allerdings nur in sehr begrenztem Maße. Die Liebesgrundlage, die Vitalität und der Glanz der Beziehung ist ins Gewohnheitsmäßige abgerutscht und bedarf einer Auffrischung.

Gehen wir nun einmal davon aus, daß sich zwischen unserem Versuchspaar Smith einiges geändert hat. Die beiden streiten sich dauernd und machen sich gegenseitig das Leben schwer. Wenn wir nun mit dem Pendel nach ihrer Verträglichkeit fragen, rotiert es nicht nur negativ, sondern auch in wilden Schwüngen, die einen Radius von 15 bis 20 Zentimetern haben können und von einer Dynamik sind, die dem Pendler das Pendel aus der Hand reißen können. Dann steht vielleicht eine Scheidung bevor.

In den Jahren unserer eigenen Pendlerpraxis sind wir natürlich auch auf andere sehr raffinierte Schwingungen gekommen. Ab und zu rotiert das Pendel nämlich in beide Richtungen; das heißt, es beginnt mit einer Schwingung im Uhrzeigersinne, bleibt dann kurz stehen und schwingt entgegengesetzt. Das kann — und hier hängt es von der spezifischen Frage ab — eine ganze Menge bedeuten; etwa bei einem Verträglichkeitstest der Eheleute Smith Streit und Versöhnung in schöner Reihenfolge. In Geschäftsangelegenheiten zeigt ein solcher Pendelschwung möglicherweise an, daß ein schöner Profit in Aussicht ist, aber unbekannte Hindernisse ein Loch reißen, noch bevor die Taschen endgültig gefüllt sind.

Schwingt das Pendel nach einer Fragestellung nicht, so bedeutet das in den meisten Fällen, daß sie ungenau gestellt wurde, daß die Frage naiv ist oder überhaupt nicht hätte formuliert werden dürfen. Welche dieser drei Möglichkeiten zutrifft, können Sie am besten herausfinden, wenn Sie jede Frage noch einmal mit der ›Ja-Nein‹-Methode überprüfen. Ist eine Formulierung ungenau, so stellen Sie die Frage noch einmal, bis Ihnen das Pendel die Ja/Nein-Antwort auf die Entscheidungsfrage gibt. Wer wissen will: »Wie viele Kamele gehen durch ein Nadelöhr?« Oder: »Soll ich das Eis von links oder von rechts essen?« vergeudet nur kostbare Zeit. Fragen Sie immer nur nach Dingen, die Sie wirklich interessieren. Nur dann kann das Pendel positiv für Sie arbeiten.

Auch Fragen, die wirklich besser unterblieben, sollte man von vornherein nicht stellen. Es scheint, daß man auf manche Dinge die Antwort nicht eher wissen sollte, als bis der richtige Zeitpunkt dafür gekommen ist. Es geht Sie zum Beispiel nichts an, wann jemand sterben wird; denn mit diesem Wissen könnten Sie durch eine unbewußte Telepathie den betreffenden Menschen schädigen.

Zeit und Pendel

Wieviel Uhr ist es? Welche Tageszeit? Wenn Sie keine Uhr und auch sonst kein Mittel haben, um diese Fragen zu beantworten, können Sie das mit dem Pendel feststellen. Lassen Sie es entgegen dem Uhrzeigersinn schwingen und fragen Sie dazu: »Ist es ein, zwei, drei Uhr?« und so weiter. Bei der richtigen Zeit beginnt das Pendel im Uhrzeigersinn zu rotieren.

Es gibt aber auch noch eine zweite Methode zur Zeitbestimmung. Dazu brauchen Sie ein Wasserglas oder sonst einen Gegenstand mit einer senkrechten Seite. Halten Sie das Pendel etwa 5 Zentimeter von der Seite weg und fragen Sie nach der Zeit. Das Pendel wird plötzlich so schwingen, daß es an das Glas oder an die senkrechte Kante des anderen Gegenstandes schlägt. Zählen Sie die Anzahl der direkten Schläge, und Sie werden staunen: Die Zahl stimmt fast immer annähernd mit der tatsächlichen Uhrzeit überein. Natürlich kann das Pendel nur ganze Einheiten wie Jahre, Monate, Wochen, Tage, Stunden, Minuten und Sekunden angeben. Bei einer Zeitabfrage auf das Ergebnis 9.45 Uhr zu hoffen, wäre zuviel verlangt.

Das Pendel in Ihrer Hand verfügt über ein Wissen von

Raum und Zeit, das Ihnen keine Uhr geben kann. Mit seiner Hilfe können Sie herausfinden, wie lange es noch dauern wird, bis ein bestimmtes Ereignis, auf das Sie warten, eintritt. Angenommen, Sie erhoffen einen Anruf in einer geschäftlichen Angelegenheit, bei der es um viel Geld geht, oder von jemandem, den Sie erst vor kurzem kennengelernt haben und den Sie gerne wiedersehen würden. Sie wissen ungefähr, daß und wann der Anruf erfolgt, würden aber gern die genaue Zeit bestimmen, um auch daheim zu sein, wenn das Telefon läutet.

Wenden Sie in diesem Fall die Methode mit dem Glas oder dem senkrechten Gegenstand an und fragen Sie, wie viele Stunden es dauern wird, bis der Anruf kommt. Antwortet das Pendel nicht, so erfolgt der Anruf in wenigen Minuten. In diesem Fall können Sie natürlich auch noch fragen, wie viele Minuten es noch dauern wird, und die Anschläge des Pendels zählen.

Diese Methode kann natürlich auf Tage, Wochen, Monate oder Jahre ausgedehnt werden. Ein Paar, das sich ein Haus kaufen wollte, fragte mit Hilfe des Pendels, wie viele Wochen es noch warten müsse, bevor es das geeignete Objekt finden würde. Das Pendel zeigte sieben Wochen an und es waren auf den Tag genau sieben Wochen, als es genau das passende kleine Haus in einem waldigen Gebiet fand, das es sich vorgestellt und gewünscht hatte.

Wer sich mit dem Okkultismus oder der Tiefenpsychologie beschäftigt, weiß, daß das Unterbewußtsein die Zeit ganz anders mißt als eine Uhr. Kenner dieses Wissensgebietes behaupten, die Zeitmessung des Unterbewußtseins sei viel plastischer, erstrecke sich weiter in die Zukunft und in die Vergangenheit und setze keine Grenzen, wie wir es mit unserer üblichen Raum-Zeit-Beziehung tun.

Bezüglich der Zeitschätzung ist jedoch noch viel Forschung nötig. Wir schlagen Ihnen deshalb vor, Ihre Fragen und Antworten genau aufzuzeichnen. Das ist nicht nur eine gute wissenschaftliche Übung; sie verhindert auch, daß Sie einmal gestellte Fragen und die darauf erhaltenen Antworten im Laufe der Monate vergessen und so nicht mehr in der Lage sind, die Aussagen des Pendels auf ihren Wahrheitsgehalt zu überprüfen.

Außer der Abschätzung künftiger Ereignisse könnten Sie natürlich auch herausfinden oder sich wieder daran erinnern, wann sich bestimmte Dinge ereignet haben. Zu einer einführenden Übung wählen Sie eine Person, die Sie nicht gut kennen, etwa eine flüchtige Bekannte, den Freund eines Freundes oder jemanden von der Arbeitsstelle, dessen Alter Sie nicht wissen. Halten Sie das Pendel neben das Glas, als wollten Sie eine Zeitfeststellung machen, oder schreiben Sie die Jahre auf und prüfen Sie so lange, bis Sie einen positiven Schwung bekommen. Wichtig ist es, soviel Übung mit dem Pendel zu haben, daß Sie seinen Aussagen voll vertrauen können. Deshalb sollten Sie sich die Informationen, die Sie bei der Überprüfung einer relativ unbekannten Person erhalten, auf ihre Richtigkeit hin bestätigen lassen. Erst wenn Sie mehrmals das richtige Alter von Fremden ausgependelt haben, sind Sie auch in der Lage, Dinge der Vergangenheit zu überprüfen.

Für Sie persönlich kann die Methode der genauen Festlegung vergangener Ereignisse sehr wichtig werden. Jeder hat einmal schwere Zeiten mit Erlebnissen, die traumatische Spuren hinterlassen, vielleicht sogar eine Tragödie durchgemacht. Das Pendel hilft Ihnen, diese Ereignisse ins Bewußtsein zurückzuholen und zu verdauen.

Wir wissen, daß Psychologen und Psychiater in der Vergangenheit graben, um die Erklärung für eine gewisse Haltung oder Handlung der Gegenwart zu finden. Unsere Kindheitsschwierigkeiten bestimmen in erheblichem Maß unsere gegenwärtigen Lebensumstände und Konflikte. Man muß diese alten Erlebnisse verdauen, sie auflösen und abwerfen, um dort blockierte Energien freizumachen, die für die Schwierigkeiten und den Druck des gegenwärtigen Lebens so ungeheuer wichtig sind.

Gewöhnlich brauchen Psychologen und Psychiater viele Stunden, die sehr viel Geld kosten, um nur ein paar solcher Druckpunkte zu entdecken. Das Pendel verschafft Ihnen innerhalb weniger Minuten wichtige Informationen aus der verdrängten Vergangenheit. Schreiben Sie Ihre Problempunkte: Angst, Aggression, Depression, Vater-Mutterbindung, Kindheit, Jugend und so weiter auf eine Liste und fragen Sie bei jedem Begriff: »Ist das etwas, mit dem ich mich intensiver auseinandersetzen müßte?« Schreiben Sie die Punkte, bei denen das Pendel reagiert — egal ob negativ oder positiv — auf ein anderes Blatt Papier. Und in Augenblicken, in denen Sie entspannt sind oder Zeit haben, sollten Sie versuchen, diese Begriffe mit Erinnerungen in Verbindung zu bringen.

Analysieren Sie zunächst nichts und lassen Sie sich dabei auch nicht von Gefühlen überwältigen. Tun Sie das täglich nur fünf oder zehn Minuten lang, so genügt das für den Anfang. Sie können natürlich auch mit dem Pendel feststellen, wieviel Zeit Sie heute und jetzt dafür verwenden sollten. Sind Sie damit fertig, zerreißen Sie das Papier mit den Erinnerungen und werfen Sie es weg. Diese ›Entladetechnik‹ wird Ihnen helfen, blockierte Energien freizusetzen und sich selbst für ein besseres Verständnis vergangener Konflikte aufzuschließen. Nach und nach werden Sie lernen, ähnliche Situationen der Gegenwart oder Zukunft besser zu beherrschen.

Radionik

Ein besonderes Gebiet der Radiästhesie ist die Radionik; hier nehmen Maschinen anstelle des Pendels die Strahlungen auf.

Der Operator sitzt vor der Maschine, die eine, zwei oder drei waagerechte Reihen von Zifferblättern mit Nummern hat. Meistens ist an der einen Ecke der Maschine eine Gummiplatte, auf welcher der Mittelfinger der Versuchsperson ruht. Sind die Zifferblätter, Nummernscheiben oder Skalen richtig eingestellt, so zeigt die Maschine auf eine Frage nach einer bestimmten Situation eine Reaktion auf.

Die Aura der Versuchsperson hat sich verändert und diese weder sichtbare noch spürbare Veränderung ist meßbar. Dieses Phänomen nennt man ›Stock‹.

Eine der ersten radionischen Maschinen wurde von Dr. Albert Abrams gebaut, dessen Werk als Pionier der Radiästhesie schon früher gewürdigt wurde. Seine Maschine war die E.R.A., Electronic Radiation of Abrams. Der größte Teil seiner Arbeit fand zwischen 1900 und 1923 in Kalifornien statt.

1924 wurde er und seine Arbeit von zwei Gruppen massiv angegriffen, dem Magazin *The Scientific American* und der *American Medical Association.* Sie verdammten seine Maschine als ›Abrams magisches schwarzes Kästchen‹ und forderten, es vom Markt zu entfernen.

Seit dieser Zeit gibt es viele legale Kämpfe und Ächtungen für die Radionik. In den sechziger Jahren wurde eine Mitarbeiterin von Dr. Abrams, Dr. Ruth Brown, mit ihrem ganzen Personal von der Pure Food and Drug Administration ins Gefängnis gesteckt. Aber die Forschung geht in manchen Ländern noch weiter. Eine Anzahl von Büchern und Magazinen haben sich intensiv mit diesem Gebiet beschäftigt.

In *The Psychic Observer* bemerkte Mrs. Frances Farrelly, die seit 1940 auf dem Gebiet der Radionik arbeitet: »Sie können diese Maschine zwar als Werkzeug einsetzen, aber Ihre Einsatzmöglichkeit ist nicht so überzeugend, als daß ich dafür plädieren würde.«

Sie fährt dann fort: »Es ist weit besser, ohne Instrumente zu lernen und ohne die damit verbundenen Ausgaben (zwischen 500 und 5000 Dollar). Und es ist weit besser, den eigenen Geist und die eigene Intuition zu schulen.«

Wir nehmen uns Mrs. Farrellys Aussage zu Herzen und ziehen das Pendel der Maschine vor. Das Pendel ist einfach, leicht zu erhalten oder herzustellen und, mit einiger Übung, auch leicht zu handhaben. Es lehrt uns die Konzentration und fördert die Intuition des einzelnen. Ein anderer, mit der Erlernung der Pendeltechnik verbundener, Vorteil ist der, die Fähigkeit der Entspannung zu lernen, um sich innerlich so leer machen zu können, daß klare und eindeutige Antworten möglich sind.

Emotionelle Objektivität kann für jeden von uns auf jedem Gebiet und in jeder Lebenslage, bei der Arbeit und zu Hause, von größtem Nutzen sein.

14 Das Pendel bei Tag und bei Nacht

Auf der fünfzehnten Tagung der American Society of Dowsers berichtete der bekannte französische Radiästhesist Abbé Jean Jurion über die französischen Pendler, die sich zusammentaten und so weit organisierten, daß sie sogar eine eigene Gewerkschaft gründen konnten.

Die Mitglieder bezahlen einen Jahresbeitrag von ca. DM 1000,—. Sie haben sich zu einer Gruppe von Professionals zusammengeschlossen, um die einzelnen Mitglieder gegen Angriffe zu verteidigen und die Öffentlichkeit über die Wunder der Radiästhesie zu unterrichten. Die Union hat auch ein eienes Organ, *Radiesthesie Magazine,* das über die ausgedehnte Tätigkeit der Mitglieder berichtet, Meinungen austauscht und über die intensive und faszinierende Forschung der mehr als tausend Mitglieder informiert.

Frankreich ist jedoch nicht das einzige Land, das die unglaublichen Möglichkeiten des Pendelns akzeptiert. In der Sowjetunion ist das Pendeln unter dem Namen Biophysical Effects Method, BPE, bekannt.

Hier beschränkt sich die Forschung jedoch wesentlich auf die Entdeckung neuer Rohstoffquellen. Aber der Einsatz wird auch bei der Forschung nach dem unbekannten Menschen respektiert: Warum gibt es bestimmte Krankheiten, wodurch entstehen sie und wie können sie verhütet werden?

In den meisten Ländern werden die Radiästhesisten von der Wissenschaft und vom Publikum noch nicht allgemein akzeptiert. Aber viele tausend Einzelpersonen und kleine Gruppen experimentieren mit dem Pendel und praktizieren auch damit.

Mein Mitautor und ich tragen immer ein selbstgemachtes Pendel bei uns. Wir wissen nie, wann wir zu einer Sitzung geholt werden. Bei zahlreichen Gelegenheiten benützte ich das Pendel, um Freunden bei der Arbeit in einem großen New Yorker Warenhaus zu helfen. Sie waren erstaunt, wie viele unsichtbare Energien, Vibrationen und Strahlungen damit entdeckt werden konnten und sind nun selbst vom Wert des Pendels überzeugt.

Am häufigsten werde ich gebeten, mit dem Pendel die Verträglichkeit zweier Leute zu überprüfen. Wie in Kapitel 6, Romantische Radiästhesie beschrieben, können die Aurae von zwei sich begegnenden Menschen miteinander harmonieren oder nicht.

Mit diesem Wissen können die Paare agieren, reagieren und sind eher in der Lage, verschiedene Spannungen abzubauen, als wenn sie hilflos dem Lebensrhythmus ihres Partners gegenüberstehen.

Auf diesem Gebiet habe ich fast schon unheimliche Ergebnisse erzielt. Wenn ich nur die Namen zweier Personen und sonst gar nichts über sie weiß, liest mein Pendel ihre Verträglichkeit zwischen 90 und 100 Prozent genau ab.

Kürzlich freundete ich mich mit der Stewardeß einer Fluglinie an und erklärte ihr, wie das Pendel wirkt. Eines Abends rief sie mich an und wollte mit mir über Schwierigkeiten mit ihrem Freund sprechen. Ich schlug ihr vor, auf alle Fragen, die ihr wichtig schienen, das Pendel antworten zu lassen. Einige dieser Fragen waren: »Ist er jetzt zu Hause? Liebt er mich? Kann unsere Liebe dauern? Liebt er eine andere Frau?« Das Pendel reagierte positiv; aber sie wollte es nicht so recht glauben. Ein paar Tage später erfuhr sie die Antworten. Ihr Freund kehrte von seiner Reise zurück und sagte ihr, er würde sie lieben und kein Interesse an anderen Frauen haben.

Ungefähr zwei Wochen vor dieser telefonischen Pendellesung hatte die Stewardeß zwei Zigeunerinnen aufgesucht, die eine in New York, die andere in Boston. Die Pendellesung bestätigte auch alles, was ihr die beiden Zigeunerwahrsagerinnen über den Freund gesagt hatten.

Natürlich empfängt uns nicht jeder voll Interesse, wenn wir ihm das Pendel vorführen. Die meisten Pendler stoßen auf Skepsis, auf Hohn und schlichte Verdammnis. In letzer Zeit hatten wir viele solcher Begegnungen. Hier ein typischer Fall:

Etwa zweihundert Leute schnatterten mit vollem oder halbvollem Mund im Lunchraum, und das war das vorherrschende Geräusch. Ich bezahlte für ein Sandwich mit Thunfischsalat und Gewürzgurke und einen Kaffee.

Dann schaute ich mich nach meinem Freund um. Er saß an einem der Fenster an der Wand gegenüber und kaute an einem Sandwich. Im Trubel der Weihnachtssaison hatten wir gemeinsam in der Decken- und Steppdeckenabteilung gearbeitet. Ich setzte mich zu ihm an den Tisch.

»Hi, Tony, was ist los?«

»Dasselbe wie immer. Die alten Kundinnen quasseln wie immer. Und natürlich fragen sie mich ständig, wo der Damenwaschraum ist. Übrigens, wie geht es mit deinem Buch voran?«

»Ich schreibe noch immer, aber in etwa einem Monat müßte ich damit fertig sein.«

Da kam einer von Tonys Freunden und setzte sich zu uns. Tony machte uns bekannt. Er hieß Bill. Tony sagte ihm, daß ich ein Buch über das Pendeln schreibe.

»Sie schreiben ein Buch über das Pendel? So wie in einer Uhr? Was kann man schon darüber schreiben?« fragte Bill ziemlich unfreundlich.

»Nein, ich schreibe über ein Gerät, das Vibrationen aufnimmt oder sich darauf einstimmt«, erklärte ich.

»Was? Sind Sie verrückt? Ein Gerät, das Vibrationen aufnimmt? Ha, ha, ha. Schön. Wie sieht das Ding aus?«

Ich wußte nun, daß ich einen richtigen Zweifler vor mir hatte, aber ich nahm mein Pendel trotzdem aus der Tasche.

Bill sah sich's an, und seine Augen verrieten deutlich, wie lächerlich er das fand.

»Zeigen Sie doch mal, wie das Ding arbeitet«, forderte er mich ziemlich höhnisch auf.

Ich zeichnete ein Kreuz auf ein Blatt Papier, zeigte Bill, wie das Pendel zu halten sei, und erklärte ihm, er solle das Pendel anschauen und sich so darauf konzentrieren, daß es sich an der senkrechten Linie entlangbewege, nur mit der Kraft seiner mentalen Aufmerksamkeit.

Er lachte und begann. Sofort sah ich, daß er der Möglichkeit widerstand und überzeugt war, das gehe ja doch nicht. Seine Hände und sein Körper versteiften sich. Er machte nicht den geringsten Versuch, sich auf das Pendel einzustellen. Nach einer knappen Minute sagte er: »Das geht ja doch nicht. Mein Geist kann das Ding nicht bewegen. Und wenn es sich doch bewegt, woher wollen Sie wissen, daß es nicht meine Finger getan haben?«

Sie wissen vielleicht nicht, wie stark die negativen Spannungen sind, die von diesen Höhnern und Verdammern ausgehen, und die schon allein durch deren Stimmlage übermittelt werden. Sie versuchen einem das Gefühl zu geben, man sei verrückt, wahnsinnig und lächerlich, und haben gleichzeitig den Anspruch, allein auf der Seite des Wissens und der Wahrheit zu stehen.

Deshalb rate ich allen Pendlern und Radiästhesisten, die sich in einer solchen Situation befinden: Versuchen Sie nicht, einem Menschen, der nur auf Erfahrung und empirisches Wissen eingestellt ist, das Geheimnis des Pendels aufzuzwingen. Jemandem, der davon nichts wissen will, können Sie auch nichts erklären und nichts beweisen. Für einen, der nicht zählen will, sind zwei Äpfel und zwei Äpfel nicht vier Äpfel. Wenn Sie denen etwas zeigen wollen, so mißlingt es in neun von zehn Fällen, da die negative Haltung dieser Skeptiker die Lesung des Pendels beeinträchtigt.

Nehmen Sie es nicht persönlich, wenn man Sie angreift,

weil Sie an das Pendel glauben. Wenn Sie versuchen, Ihre Geschicklichkeit mit Worten zu untermauern, haben die Zweifler das Gefühl, Sie in eine Falle locken zu können. Es ist viel klüger, sich nicht persönlich mit der Pendelmagie zu identifizieren.

Ich habe zum Beispiel die Erfahrung gemacht, daß man Angriffe ablenken kann, wenn man sagt: »Fachleute haben berichtet, daß das Pendeln wirksam ist, wenn ich persönlich auch weder das eine, noch das andere beweisen kann.« Gewöhnlich entwaffnet dies die Skeptiker, und ihre Spannung lockert sich.

Mein Mitautor und ich haben mit Pendlerfreunden auf einem relativ neuen Gebiet experimentiert und machten Pendellesungen über das Telefon. Keine Woche geht vorüber, ohne daß wir am Telefon gebeten werden, auf eine eilige Frage sofort eine Antwort zu geben, egal, ob es sich um eine Liebesgeschichte, um Familienprobleme oder um Geschäfte handelt. Es ist natürlich eher anzuraten, die fragende Person körperlich anwesend zu haben, da unter solchen Voraussetzungen die psychische Verbindung von Gedanken und Gefühlen in der Regel viel stärker ist und eine genauere Lesung ergibt. Aber die Gesetze der inneren Ebenen verbinden uns durch so subtile unsichtbare Fäden mit dem Frager, daß ein erfahrener Pendler mit wirklich sehr viel Übung auch über das Telefon eine sehr genaue Lesung erzielen kann.

Wir müssen aber darauf hinweisen, daß eine telefonische Lesung einer ganz besonderen Vorbereitung bedarf, um Genauigkeit sichern zu können. Sehr wichtig ist, daß die Person, die Fragen stellt, aufrecht dasitzt und die Füße flach auf dem Boden hat. Der Pendler sollte die gleiche Haltung einnehmen. Legt sich einer von beiden hin, oder sitzt mit übergeschlagenen Füßen da, so wird der psychische oder innere Stromkreis automatisch unterbrochen, damit auch die Qualität der Lesung vermindert.

Jene von Ihnen, die beschließen, selbst mit dem Pendeln

zu beginnen und sich mit diesem Werkzeug den Weg durch die täglichen Schwierigkeiten zu bahnen, sollten darauf achten, eine ausgeglichene Haltung anzunehmen. Vermeiden Sie vor allem die Erwartungshaltung, das Pendel sei die einzige Antwort und Möglichkeit, Ihren Lebenskurs zu steuern. Sehen Sie das Pendel eher als einen Wegweiser an, der Ihnen an den verschiedensten Schnittpunkten Ihres Schicksalsweges die Straßen zeigt, die Ihrer Bestimmung entsprechen. Gehen müssen Sie selbst.

Eine ausgewogene Haltung, innere Ruhe und die Bereitschaft, das, was Ihnen vom Schicksal zufällt (das Wort Zufall hat nicht von ungefähr diese doppelte Bedeutung) mit Hilfe des Pendels einzuordnen, beinhalten jedoch die Chance, Ihr Leben positiver und intensiver zu gestalten. Diese ausgeglichene Haltung wird eine größere Genauigkeit bei Ihren Lesungen zur Folge haben und Ihnen neue Möglichkeiten eröffnen, nicht nur mit dem Pendel, sondern auch in anderer Beziehung, so daß Sie Ihre Seinsebene, die Qualität Ihrer Gedanken, Gefühle und Handlungen verbessern können. Entdecken Sie mit dem Pendel die Kraft der Intuition und finden Sie Zugang zu Ihrem tieferen Wesen.

Wenn Sie länger pendeln, werden Sie ausgeglichener, positiver und strahlen Selbstsicherheit und Kraft aus. Man wird Ihre Nähe suchen, weil Sie ein Mensch sind, der anderen etwas von seiner Energie abgeben kann. Ihre innere Haltung wird dazu beitragen, den Makel eines negativen Okkultismus zu beseitigen, den viele Leute dem Pendler aufdrücken, wenn er ihnen zum erstenmal das Pendel vorführt. Anfänger wie auch geschickte Pendler dürfen nie vergessen, daß für alle, die mit dem Pendel nicht vertraut sind, die Arbeit merkwürdig, wenn nicht sogar lächerlich aussieht. Will man andere Leute zu etwas erziehen, so braucht man Verständnis, Geduld und die Bereitschaft, Kritik und Ablehnung mit Anstand hinzunehmen. Ihre Arbeit soll für sich selbst sprechen. Wenn Sie größtenteils genaue Ergebnisse erzielen, wird man

Ihre Geschicklichkeit mit der Zeit anerkennen und Sie öfter konsultieren; vielleicht wollen diese Leute dann auch selbst den Gebrauch des Pendels erlernen.

Aber vergessen Sie nicht: jeder Meisterpendler hat als Lehrling angefangen. Viel Übung und Konzentration sind notwendig, um durch ständige Wiederholung die Nerven-, Muskel- und Verstandesreflexe zu entwickeln. Man braucht für das Pendeln ebensoviel Geduld, wie für jede andere Fähigkeit, wie Schreiben oder Maschinenschreiben, um zu einer Geschicklichkeit zu gelangen, die einem in Fleisch und Blut übergeht. Hält man sich das stets vor Augen, so kann fast jeder die Kunst des Pendelns entwickeln, der eine mehr, der andere weniger. Denken Sie jedoch immer daran: Diese Kraft und Fähigkeit muß unter Kontrolle gehalten werden. Sie soll nur den ihr zustehenden Platz erhalten und darf vor allem nur in guter Absicht eingesetzt werden.

15 Visionen der Zukunft

Man kann sich nicht recht vorstellen, welche Folgen es haben wird, wenn immer mehr Menschen es lernen, mit dem Pendel umzugehen. Die Entwicklung der radiästhetischen Fähigkeiten und damit der Intuition übersteigt bei weitem die Bedeutung eines nur technologischen Durchbruches. Hier haben wir nämlich die volle Entwicklung eines neuen Sinnes, dessen Grenzen im Unendlichen zu liegen scheinen.

Führen Sie sich nur einmal vor Augen, welcher Fortschritt allein in diesem Jahrhundert stattgefunden hat. Die Menschen um die Jahrhundertwende kannten noch nicht einmal die für uns jetzt so selbstverständlichen Dinge wie z.B. Fernsehen, Flugzeuge und Computer.

Die industrielle Revolution veränderte die gesamte Gesellschaft. Und obwohl alle technischen Fortschritte rein äußerlicher Art sind, haben sie natürlich auch innere Veränderungen zur Folge. Räumliche Grenzen können überwunden, Bilder aus anderen Erdteilen per Fernseher vermittelt werden. Das Denken hat sich gewandelt. Zusammenhänge können schneller erkannt und begriffen werden.

Jetzt, nachdem äußere Grenzen erreicht sind, gilt es, mit Hilfe der Intuition die inneren Gebiete zu erforschen. Wir sehen diese Kraft als eine völlig neue Fähigkeit. Als Beispiel könnte folgendes Bild gelten: In einer Zivilisation lebt eine Rasse von blinden Menschen. Sie würden in einem Umfeld der ewigen Nacht leben — ohne Licht, ohne Farbe und ohne Literatur.

Der Pendler ist, wenn wir bei diesem Gleichnis bleiben,

der einzige, der sieht. Er ist in der Lage, auch andere sehend zu machen. Glauben Sie nicht auch, daß sich eine Gesellschaft von Blinden gründlich verändern würde, wenn sie plötzlich sehend wäre? Die Menschen mit der Fähigkeit zu sehen, würden eine neue Rasse bilden, wären ein neuer Schritt in der Evolution; etwa so, wie die Raupe zum Schmetterling wird. Gleichzeitig wären sie auch ganz andere Wesen mit völlig neuen Maßstäben. Alte Institutionen, moralische Vorstellungen, Lebensarten, Denk- und Lebensgewohnheiten würden völlig verschwinden.

Bisher unlösbare Probleme, die von den größten Geistern der blinden Zivilisation nicht bewältigt werden konnten, wären nicht einmal für die Kinder der neuen Generation unüberwindliche Schwierigkeiten. Allein durch die Gabe des Sehens würden viele Probleme nun einfach verschwinden, denn sie wären bedeutungslos und unwichtig.

Vor einer ähnlichen Situation stehen wir heute. Bis jetzt war die große Mehrheit der Menschen nur mit fünf Sinnen ausgestattet und hat auch so funktioniert. Unsere Fähigkeit, die Wirklichkeit wahrzunehmen, war begrenzt, und deshalb bauten wir eine Zivilisation auf, in der sich diese Begrenzung spiegelt.

Im letzten Teil des zwanzigsten Jahrhunderts sehen wir uns so vielen scheinbar unlösbaren Problemen gegenüber, daß der größte Teil der Menschheit, einschließlich unserer intellektuellen Elite und die gesamte Führerschaft, in einem Zustand der Verwirrung, Angst und Verzweiflung steckt. S. I. Hayakawa sagt: »Wenn die Intellektuellen einer Gesellschaft verwirrt sind, so folgt ihnen die gesamte übrige Bevölkerung auf den Fersen.« Denn die Intellektuellen sind für eine Gesellschaft das, was die Gehirnzellen für einen Körper sind.

Nun versuchen Sie sich einmal unsere Kultur vorzustellen, wenn die Wissenschaft der Radiästhesie und Strahlungsphysik allgemein akzeptiert wird und ein guter Teil der Bevölkerung ihre Anwendung versteht und ihren Ergebnissen vertraut. Die meisten Verbrechen würden verschwinden. Wer wird schon vergewaltigen, rauben oder töten, wenn die Aufdeckung seiner Identität mit absoluter Sicherheit gewährleistet ist?

Hält man das Pendel über eine Landkarte und einen Fingerabdruck, oder über ein Kleidungsstück, ein Foto oder dergleichen, so kann ein Fachmann der Pendeltechnik den Verbrecher in jedem Teil der Welt aufspüren. Wer wird noch Schecks fälschen, wenn jede geübte Person nur ein Pendel darüber zu halten braucht, um sofort zu sehen, ob der Scheck echt ist?

Unsere Justiz leidet allgemein unter dem Problem, daß sie schon rein zeitlich mit mühsamen Gerichts- und Verfahrensprozeduren überfordert ist, zumal jeder das Recht hat, seinen Fall vor Gericht zu bringen. Man braucht nur genügend geschulte Pendler unter den Richtern, und sie können sofort bestimmen, ob jemand schuldig oder unschuldig ist, oder ob ein Zeuge lügt oder die Wahrheit sagt. Später einmal kann das Pendel vielleicht auch dazu benützt werden, Urteile zu fällen, die sich nicht auf uralte Präzedenzfälle und auf Bücher und Kommentare, die vor vielen Jahren geschrieben wurden, stützen, sondern auf dynamische und spezifische strukturelle Notwendigkeiten der Gegenwart. Wenn der Verbrecher rehabilitationsfähig ist, wird das Pendel dies sofort anzeigen, und man kann diese Person in eine therapeutische Klinik schikken. Zeigt das Pendel aber an, daß jemand nicht besserungsfähig ist, und dafür gibt es genaue Vibrationsmaße, so sollte er einer anderen Institution überstellt werden, die dazu bestimmt ist, ihn der Gesellschaft aus dem Weg zu halten.

Weil wir viel zuwenig wahrnehmen können, behandeln wir alle Verbrecher mehr oder weniger gleich. Die Vorstellung dabei ist die, daß jeder das Recht auf eine zweite Chance hat. Das Ergebnis ist jedoch meistens leider so, daß der verbitterte Verbrecher auf die Straße des Verbrechens zurückgeht und seine Tat wiederholt. Das ist, vom Blickpunkt der Energie aus gesehen, falsch. Nicht jeder sollte immer das Recht auf eine zweite Chance haben, besonders dann nicht, wenn er ein Dauerfall destruktiver Kraft für die Gesellschaft ist. Das kann sehr genau gemessen und empirisch nachgeprüft werden.

Im alten Ägypten wurden die Pyramiden geschaffen; sie waren der Taufstein, durch den die westliche Welt einen großen Teil ihrer Wissenschaft und Philosophie erhielt, und für ihre Zeit schufen die alten Ägypter eine Gesellschaft, die nahezu perfekt war.

Dort wurde Gerechtigkeit von den Tempelpriestern geübt und gesprochen, von den geschulten Sehern, den ›Erkennern‹, den Rutengängern und Pendlern, die viele Jahre lang einer erbarmungslosen Schulung in Charakter und Geschicklichkeit unterzogen wurden. Mit anderen Worten: Sie waren wahrnehmende Wesen und hatten Zugang zu ihrer Intuition. Kriminelle Handlungen und Streitfälle wurden vor sie gebracht, und sie wurden gerecht, weise und unter kühler Berücksichtigung der Lösung entschieden, die nicht nur für die Gesellschaft am besten war, sondern auch für das höhere, innere Wachstum des Verbrechers. Diese alten Richter wußten, daß ein Skorpion oder Hai nur seiner ihm in langer Entwicklung angeborenen Natur entsprechend handeln kann, daß es aber ebenso Menschen gibt, die sich nicht mehr ändern können und deren Bewußtseinszustand und negative Ausstrahlung auf das soziale Gebilde zerstörerisch wirkt.

Auch die Verunsicherung der Verbraucher durch unaufrichtige Werbung oder falsche, beziehungsweise zurückgehaltene Information könnte der Vergangenheit angehören. Entwickeln die Menschen erst ihren Extra- oder Supersinn (Christopher Hills hat das letztere Wort geprägt), so werden sie sofort feststellen, ob ein Produkt gut ist oder nicht. Erkennt die Werbung, daß die Menschen sich nicht länger an der Nase herumführen lassen, so werden die einzelnen Unternehmen auf der Grundlage von Qualität und Preis miteinander konkurrieren müssen. Das käme allen Produkten und allen Käufern zugute.

Die häusliche Harmonie wird zunehmen, da der Unharmonische weiß, daß er's ist, der die Disharmonie verursacht, und er wird sich dann vor langdauernden Verpflichtungen hüten. Die Menschen werden bei der Arbeit glücklicher sein, weil sie in der Lage sind, jenen Beruf zu wählen, der ihrer inneren Struktur und ihren Fähigkeiten entspricht.

Angestellte können künftig sowohl nach ihrer Tüchtigkeit als auch nach ihrer Verträglichkeit ausgesucht werden, und damit wird viel an Enttäuschung und Frustration vermieden. Niemand wird mehr seine Arbeit hassen. Die Produktivität wird sich erhöhen, ebenso die Qualität der Produkte, und der innere Friede und die ruhige, sichere Haltung können zu einer Selbstverständlichkeit werden.

Die Menschen werden auch sehen, wie wichtig es ist, den eigenen Rhythmus zu finden. Mit dem Pendel können sie überprüfen, wie lange sie arbeiten sollten, bevor sie eine Pause einlegen müssen. Das ist ganz unterschiedlich und hängt von den Bedürfnissen des einzelnen ab.

Häusliche Ruhe, Zufriedenheit im Beruf, ein geregelter Lebensrhythmus, gesunde Ernährung, bessere und harmonischere Beziehungen, weniger Angst vor einer inneren oder äußeren Bedrohung — damit verschwinden viele Ursachen für Unbehagen und Krankheit. Der allgemeine Gesundheitszustand der Nation, ja der Weltbevölkerung wird sich heben. Krankheiten könnten als das angesehen werden, was sie sind: die Verletzung eines oder mehrerer Energiegesetze des Lebens.

Radiästhesie und Strahlungsphysik werden die Medizin revolutionieren. Ärzte können innerhalb weniger Minuten ihre Diagnose erstellen und selbst die meisten schweren Krankheiten könnten auf Dauer geheilt werden. Das Vorbeugen von Krankheiten und deren Verhütung wäre ein weiterer, wichtiger Schritt. Die Menschen würden lernen, wie sie in

Harmonie mit der natürlichen Ordnung, die wir GOTT nennen, leben könnten.

Die wahre Funktion des Heilers ist nämlich die Behandlung der Ursache und des GANZEN Menschen. Augenblicklich sind die Ärzte so überlastet, daß sie einen Teil ihrer Kunst, nämlich jenen, der der Vorbeugung von Krankheiten gilt, nicht ausüben können. Ihre Zeit und Kraft wird eingesetzt, um Schmerzen zu lindern und Symptome zu kurieren. Die Erforschung der Krankheitsursache ist in den Hintergrund gerückt.

Geschäftliche Bräuche und Gewohnheiten werden sich verändern. Die Börse wird vom Dschungel zum kultivierten Garten. Betrug wird selten werden. Wie kann ein Lieferant seine Ware falsch deklarieren, wenn er weiß, daß der Käufer sie sofort nachprüfen kann? Wie kann ein Verkäufer einen Kunden anlügen, wenn dieser innerhalb weniger Sekunden weiß, daß er sein Lieferversprechen nicht einhalten wird?

Künste und Wissenschaften werden eine Wiedergeburt erleben. Die Menschen werden die Künste als das sehen, was sie sind: Formen der Schönheit, um Kraft zu übertragen. Dem Künstler wird man mit dem gleichen Respekt begegnen, wie dem Ingenieur oder dem Arzt. Durch sein Talent und seine Vision ist der Künstler der Schöpfer jenes Mittels, durch das die Energie des Universums den Weg in die Zukunft weisen kann. Künstler und Wissenschaftler werden für die Gesellschaft das sein, was die Scheinwerfer für ein Auto sind: Leuchtfeuer, die ein Stück dunkler Straße erhellen, so daß jene, die am Steuer einer Nation sitzen, fähig sind, das Ziel der Reise zu erkennen und rechtzeitig nötige Berichtigungen vornehmen können.

Alles, was in der Kunst böse und schlecht ist, wird verschwinden, auch alles, was den Geist der Massen degradiert und verzerrt. Denn auch Kunstwerke können mit Radiästhesie überprüft werden. Kunst und Wissenschaft nähren Geist und Gefühl, so wie Lebensmittel den Körper ernähren. Um gesund zu bleiben, muß der Mensch auf die Qualität seiner mental-emotionellen Nahrung ebenso achten, wie auf die seiner körperlichen Nahrung. Denn ›giftige‹ Ideen und negative Emotionen vergiften den inneren Körper und erzeugen physische und psychische Krankheiten. Ungesunde Menschen können aber keine gesunde Gesellschaft hervorbringen.

Mit dem Werkzeug der Radiästhesie werden die Gelehrten unvorstellbare Dimensionen erforschen. Neue wissenschaftliche Methoden werden zu spirituellen Realitäten, und die Menschheitsgeschichte wird einer Periode des Wachsens und der Entwicklung entgegengehen. Neue, vor allem sichere Energiequellen können gefunden werden, die weder der Umwelt schaden noch bei falscher Anwendung zur atomaren Bedrohung führen.

Natürlich ist es schwierig, sich vorzustellen, was mit der Wissenschaft geschehen wird, wenn sie sich dieses neuen Meßinstrumentes bedient. Für Galilei war es auch schwierig, sich das erste Teleskop vorzustellen. Da die Wissenschaft sich auf die Beobachtung und die Ordnung empirischer Daten stützt, muß ein neuer Sinn, also ein neues Fenster zur Umwelt, nämlich unsere Fähigkeit zu beobachten, zu messen und Daten zu sammeln, geöffnet werden.

In der Wissenschaft der Strahlungsphysik treffen sich Wissenschaft, Religion und Kunst. Die innere oder esoterische Bedeutung alter Religionen wird sichtbar. Die Menschheit wird das religiöse Ritual in seiner wahren Funktion erkennen, als Maßstab eines höheren und echteren Vorbilds für die weltlichen Dinge des Lebens. Die Gesellschaft wird die Wissenschaften als einen Prozeß zur Entstehung des Wissens, die Kunst als den der Anwendung dieses Wissens zur Schaffung schöner und harmonischer Formen betrachten, und die Religion als Kombination von Wissenschaft und Kunst, durch die unsere Alltagsbeziehungen und unser Leben geregelt wird. Die Religion wird in unserer neuen Gesellschaft die

Kunst-Wissenschaft des Lebens entsprechend unseren natürlichen Gegebenheiten sein.

Wenn sich das Bewußtsein einer Gruppe verändert, verändert sich auch ihre Ethik. Es wird keine Menschen und Völker mehr geben, die mit Angst und Schuldgefühlen versklavt und tyrannisiert werden, da diese Strukturen aus einer überholten Ethik stammen, die vor Jahrtausenden formuliert und im Lauf der Zeit verzerrt und verborgen wurden.

Ein neuer Moralcode und ein neues ethisches System werden auf der Basis der Gesetze der Energie formuliert, wie sie von einem Volk wahrgenommen werden, das nun über die Fähigkeit verfügt, diese Gesetze zu sehen und zu verstehen.

Natürlich wird das alles nicht über Nacht geschehen, vermutlich auch nicht während unserer Generation. Aber schon jetzt können wir damit beginnen, unser Bewußtsein auf die Dynamik des universellen Energieprozesses umzustellen.

Isidore Friedman sagt: »Schaut nicht nach einem anderen Gott.« Das Pendel ist ein Werkzeug. Ein Werkzeug vielleicht von vielen, das uns zu den Toren der Wahrnehmung führen kann. Wer die Kraft des Pendels für sich einsetzen kann, ist nicht mehr von den Zufällen des Lebens abhängig, sondern kann sich sein eigenes Schicksal so gestalten, daß es Erfüllung und Glück bringt.

REGISTER